**그거, 다
과긴장이에요**

Original Japanese title: SORE, SUBETE KAKINCHO DESU.
Copyright © Hiromi Okuda 2025
Original Japanese edition published by Forest Publishing Co., Ltd.
Korean translation rights arranged with Forest Publishing Co., Ltd.
through The English Agency (Japan) Ltd. and Danny Hong Agency

이 책의 한국어판 저작권은 대니홍 에이전시를 통한 저작권사와의 독점 계약으로 어썸그레이에 있습니다. 저작권법에 의해 한국 내에서 보호를 받는 저작물이므로 무단 전재와 복제를 금합니다.

항상 일이 머리에서 떠나지 않아 불안하다…

그거, 다 과긴장이에요

오쿠다 히로미 지음 | **한주희** 옮김

어썸그레이
AWESOMEGREY

들어가며

오랫동안 직업인으로서 행복하기 위해
꼭 지켜야 할 것

이 책을 손에 든 여러분은 분명 매사에 신경 쓰이는 일이 많아 '항상 긴장된 상태'이거나 '이완되지 않은 상태'라고 느끼는 사람일 것이다. 그리고 이 상태가 때에 따라 고통의 형태로 나타날 때도 있을지 모른다. 예를 들면 이런 경우다.

'퇴근하고 집에 돌아와도 회사 일이 머리에서 떠나지 않아 불안하다.'

'일처리가 미흡했던 게 아닌지 걱정되어 휴일에도 마음이 편치 않다.'

'고객이나 직장 상사, 동료가 한 말을 몇 번이고 되새기며 불안해하고, 그 스트레스가 가족을 향한다.'

'매일 이어지는 업무가 밤에 잠자리에 들 때까지 머리에서 떠나지 않아 잠들기 힘들다.'

이런 고통은 방치하면 안 된다. 왜냐하면 이것이 이른바 '과긴장'이라는 증상인데 이 상태가 지속되면 높은 확률로 몸과 마음에 문제를 일으키기 때문이다. 과긴장은 정확하게 표현하면 '스트레스로 인해 교감신경계에 과도하게 긴장이 유발되는 상태'를 의미하며, 일을 하는 사람이라면 누구나 일상에서 쉽게 경험한다.

나는 정신과 의사로 약 25년, 산업보건의로 대략 12년간 일하며 과중한 업무에 시달리는 사람들의 정신건강을 책임져 왔으나 정작 이런 나 또한 가끔 과긴장 상태에 빠지기도 한다.

업무에서 막중한 부담감을 느끼거나, 대인관계에 문제가 생기면 놀랍게도 대부분의 사람들이 곧잘 과긴장 상태에 빠진다. 이 과긴장이 조기에 자연스럽게 해결되면 일반적으로 큰 문제는 없다. 그러나 제대로 치료하지 않고 주 단위, 월 단위로 지속되면 거의 100퍼센트의 확률로 몸과 마음에 본격적으로 증상이 발현된다. 과긴장이 지속된다는 건 '자율신경계의 불균형'이 지속된다는 의미이며, 이 상태가 장기간 지속되면 '자율신경실조증'으로 이어지기 때문이다. 자율신경실조증은 두통, 어지러움, 복통, 미열, 중증 권태감 등과 같은 신체적 증상과 불면, 기력 저하, 집중력 저하, 우울감 등의 정신적 증상을 가져온다. 나아가 업무를 비롯한 일상생활 전체에까지 지장을 준다.

이 책을 손에 든 여러분은 '과긴장에서 벗어나고 싶다!'는, 몸과 마음이 보내는 무의식적인 메시지를 들었을 것이다. 그렇다면 이제부터 본격적으로 과긴장 치료에 들어가보자. 과긴장 치료는 빠르면 빠를수록 좋다. 몸과 마음이 망가지는 걸 미연에 방지할 수 있고, 좋은 컨디션과 체력, 집중력을 일정하게 유지해 최상의 퍼포먼스를 발휘하도록 해주기 때문이다.

오랜 기간 노동자를 치료해 온 경험에 비추어 인생의 대부분을 일에 바친 직업인에게 '최상의 퍼포먼스로 착실하게 쌓은 커리어'가 얼마나 중요한지 알고 있다.

일을 위해 스스로를 혹사하는 건, 당장은 좋은 성과를 낼 수도 있다. 그러나 몸과 마음이 망가져 지속적으로 업무 성과를 내기는 힘들어질 것이다. 심하면 오랫동안 몸담은 현업에서 본인의 의지와 상관없이 배제되기도 한다. 이런 상황은 회사 입장에서 막대한 손해이며 개인의 커리어에도 큰 타격을 준다.

반면 '안정적인 업무 수행 능력을 갖춘 사람', '기복 없이 안정적으로 성과를 내는 사람'은 상사나 클라이언트로부터 '저 사람에게 맡기면 일처리가 깔끔해서 안심할 수 있다'며 신임을 얻는다. 이것은 당연히 업무 평가와도 직결된다. 즉 '일 잘하는 사람'은 '자신의 몸과 마음을 잘 관리하는 사람'이라 해도 과언이 아니다.

이 책에는 정신과 의사이자 산업보건의로 일하며 내가 얻은 식견과 경험을 통해 도출한 과긴장 케어 방법들을 모두 담았다. 나 또한 실천하고 있는 방법이기도 하다. 여러분도 이 방법들을 활용하여 부디 오랫동안 직업인으로서 행복하게 성공할 수 있기를 바란다.

정신과 의사·산업보건의
오쿠다 히로미

차례

들어가며
오랫동안 직업인으로서 행복하기 위해 꼭 지켜야 할 것 · 4

제1장 '과긴장'은 누구에게나 찾아온다

산업 현장에서 가장 많이 만나는 '과긴장' 상태의 사람들 · 16
과긴장을 방치하면 나타나는 증상들 · 21
혹시 나도? 과긴장 자가진단 체크리스트 · 26
'과긴장' 누구냐, 너 · 31
스트레스가 자율신경계의 균형을 무너뜨린다 · 35
몸과 마음의 스트레스를 유발하는 다양한 요인들 · 41

제2장 과긴장에 취약한 사람, 과긴장을 유발하는 환경

과긴장에 취약한 사람 5가지 유형 · 46
현대인은 과긴장에 취약할 수밖에 없다 · 55

과긴장을 유발하는 상황을 파악해보자　59

　　안팎으로 변화가 많은 시기　59

　　좋은 일도 스트레스 상황이 될 수 있다　66

　　가족의 질병이나 부상은 대표적 과긴장 상황　74

제3장　과긴장이 왔을 때 바로 적용할 수 있는 셀프케어

셀프케어를 하기 전에　82

과긴장 케어의 키워드는 '이완'　84

스트레스에 대처하기 위한 3R　88

・・Rest(휴식)

>>> 무조건 수면 시간 확보하기　94

　　뇌의 피로는 잠으로 푼다　94

　　과긴장으로 잠들지 못할 때는 어떻게 할까?　99

　　온갖 방법을 써도 안 될 때는 의학의 힘을 빌리자　108

　　당장 병원에 갈 수 없다면 가까운 약국 찾기　114

>>> 영양가 있는 식단으로 식사 시간 충분히 확보하기 · 117

　　식사는 다양한 활동의 에너지원 · 117

　　과긴장이 왔을 때 무엇을 먹어야 할까 · 119

　　충분한 식사가 불가능한 경우에는? · 124

　　알코올과 당이 다량 포함된 음료는 금물 · 125

>>> '아무것도 하지 않아도 되는 시간'을 나에게 선물하자 · 127

· · Relaxation(이완)

>>> 몸과 마음의 긴장을 풀어내는 활동 · 130

　　생각 없이 볼 수 있는 영화나 드라마 즐기기 · 133

　　집 근처를 산책하거나 카페에서 여유로운 시간 만끽하기 · 136

· · Recreation(오락)

>>> 에너지가 회복됐다면 레크리에이션도 OK · 138

　　기분 전환을 위한 활동 즐기기 · 139

　　레크리에이션은 가능하면 오후부터 · 140

　　편하게 볼 수 있는 친구 만나기 · 142

　　멀리 외출할 때는 반드시 쉬는 날을 만들자 · 143

과긴장의 원인 대처에 나서자 · 146

　　자신의 의지나 다른 사람의 도움으로 줄일 수 있는 스트레스 · 147

　　당장은 도저히 해결할 수 없는 스트레스 · 152

모든 방법을 써도 안 될 때 병원 가기를 주저하지 말자 · 160

제4장 의사도 실천하는 과긴장 예방 습관

자율신경의 균형을 맞춰라 166

아침에 ON 모드를 활성화하는 방법 171

    방 안을 최대한 밝게 만들기 171

    세수와 스킨케어로 졸음 쫓아내기 173

    간단한 스트레칭으로 혈액을 순환시키자 174

    생체시계를 깨우는 아침 식사 175

    출퇴근 시간 활용해 운동하기 179

점심 이후 ON 모드를 유지하는 방법 183

    식후 졸음과 나른함 예방하기 184

    똑똑한 낮잠으로 오후의 뇌를 깨우자 185

    오후부터는 카페인을 피하자 187

    걱정거리나 불안은 주변에 보고하고, 연락하고, 상담하자 188

해가 지면 모드를 전환하자 191

    집에 돌아오기 전까지 적절히 피로 축적하기 192

    저녁은 천천히 음미하며 휴식처럼 193

    이완 활동으로 양질의 수면 준비하기 197

    OFF 모드 활성화의 최종 마무리는 푹 자는 것 200

    휴일 첫날엔 일정을 잡지 않고 푹 자기 204

제5장 과긴장에 취약한 성격 유형별 어드바이스

내 성격의 약점을 파악하면 과긴장을 예방할 수 있다 · 208
완벽주의 유형: 놓아줄 용기까지 마스터하면 완벽 · 210
성실한 모범생 유형: 주변을 자주 관찰하자 · 214
거절 못 하는 자기희생 유형: 기브 & 테이크 연습하기 · 219
조급하고 지기 싫어하는 유형: 건강을 해치면서까지 하는 자기계발은 의미 없다 · 225
걱정이 많고 소심한 유형: 남을 의식하는 성격은 노력으로 고칠 수 있다 · 230

마치며
스트레스 많은 사회를 살아가는 모든 이들에게 · 236

도표

[표1-1] 과긴장 자가 진단 테스트 29

[표1-2] 몸과 마음의 스트레스를 유발하는 변화들 43

[표2-1] 나는 어떤 타입일까?_내적 요인에 따른 분류 47

[표3-1] 이완 상태의 예시들 87

[표3-2] 이상적인 수면 패턴 예시 96

[표3-3] 아침 식사 참고 식단 122

[표3-4] 점심 & 저녁 식사 참고 식단 123

[표3-5] 당신의 마음속 충전기는 지금 몇 퍼센트? 145

일러두기

1. 이 책에 등장하는 증상별 사례는 개인 및 속성을 특정할 수 없도록 개인정보를 가공하였습니다.
2. 이 책의 제3장에 소개되는 의약품의 상품명은 일본에서 유통되고 있는 것으로, 일부 제품은 한국 내에서 처방, 유통되는 상품명과 다를 수 있습니다.

제1장

과긴장은 누구에게나 찾아온다

산업 현장에서 가장 많이 만나는 '과긴장' 상태의 사람들

나는 현재 수도권에 있는 스무 개 이상의 기업에서 촉탁 산업보건의로 일하고 있다. 그 기업들은 IT, 패션 및 화장품 브랜드, 광고대행사, 방송국 등 산업분야도 다양하다. 산업보건의는 한 달에 한두 번 정도 기업을 방문해 건강검진 결과를 확인하거나 회사 내부의 안전 위생을 점검하는 일을 한다. 그 외에도 노동자 면담, 질병 및 고 스트레스군 면담, 휴직자의 복직 판정 면담 등을 하며 다양한 연령층 노동자들의 심신 건강을 챙기는 것이 산업보건의의 주된 업무이다.

특히 나는 정신과 전문의이기 때문에 회사에서는 내게 정신적으로 불안한 직원들의 심리 치료와 상담을 자주 요청한다. 15년 전쯤 상담 센터나 정신건강의학과에서 진단만 할 때는 나를 찾아오는 사람들은 이미 '질환 단계의 환자'였다. 지독한 불면증, 우울, 식욕 감퇴, 기력 저하 등 일은커녕 일상생활조차 불가능한 '질환'을 앓는 사람이 대부분이었다.

그러나 산업보건의가 된 이후에는 '질환'으로 이환되기 직전인 사람들과 다수 만나게 되었다. 그중에서도 압도적으로 많은 케이스가 과긴장 증상을 보이는 사람들이다.

최근에 만난 T 씨(28세, 남성)는 스트레스 검사 결과 고 스트레스 위험군 판정을 받고, 산업보건의 면담을 신청했다. T는 IT기업의 엔지니어로 근무하고 있다. 팀에서 담당하는 고객사와의 프로젝트에서 예기치 못한 시스템 오류가 발생해 한 달에 70시간이 넘는 시간 외 근무를 약 두 달 정도 지속했다고 한다. 게다가 해당 고객사 담당자의 말투가 참기 어려울 만큼 '회사의 실수를 비꼬면서 클레임을 거는 타입'이었다.

상담실에 들어올 때부터 T는 넋이 빠진 표정에 얼굴엔 웃음기라곤 찾아볼 수 없었다. 상담 중간에도 시종일관 지친 기색이 역력했던 T에게 나는 다양한 각도에서 질문을 건

냈고, 다음과 같은 답변을 끌어낼 수 있었다.

"퇴근하고 집에 가는 중에도 그 고객사 담당자한테 들었던 말이 머리를 떠나지 않아요."
"식욕도 없고, 야근으로 밤늦게 퇴근하니 저녁은 건너뛰거나 먹어도 편의점에서 삼각김밥 한 개로 때워요. 점심은 회사에서 팀원들하고 먹긴 하지만."
"밤에 자기 전에도 내일 할 일이 머리를 떠나지 않아 몇 번이고 컴퓨터나 핸드폰을 확인하느라 늦게 잠자리에 들기 일쑤고, 최근 두 달간은 수면 시간이 평소보다 1~2시간 정도 줄었어요."
"피곤한데 깊이 잠도 못 자고, 요즈음에는 일하는 꿈을 자주 꿔서 잠을 설쳤어요. 아무리 노력해도 잠을 깊이 잘 수 없어 아침에 일어나도 몸이 천근만근이에요."
"고객사 담당자가 또 클레임을 걸면 어쩌나 하고 늘 불안해요. 상사는 '원래 그런 사람이니까 신경 쓰지 말라'고 하지만 요즘에는 회사 생각만 해도 우울한 날이 늘었어요."

과긴장은 몸과 마음에서 보내는 옐로카드

T가 겪는 증상은 전형적인 과긴장 초기 증상이었다. 이 초기 증상을 방치하고 이후 장기간 지속되면 증상은 더욱 악

화될 것임이 틀림없었다. 나는 T에게 과긴장이란 '몸과 마음의 경고장'이 날아왔다고 하며 다음과 같이 조언했다.

- 이대로 방치하면 불면증이나 우울증에 걸릴 가능성이 있어 매우 위험하다.
- 일단 집에 가면 업무 목적으로 핸드폰이나 컴퓨터에 접속하지 말고, 휴식을 취할 것.
- 식사를 거르지 말고 영양의 균형을 고려해 조금씩이라도 식사를 잘 챙겨 먹을 것.

여기에 더해 숙면을 위한 조언도 빼놓지 않았다.
또 당장 회사에도 T에 대한 소견을 전달했다.

- T의 업무량을 줄이고, 당분간 야근에서 면제해줄 것.
- 문제가 있는 담당자와 직접 대면하는 일을 줄이고, 어쩔 수 없을 땐 T 혼자만 만나게 하지 말고, 반드시 상사가 배석할 것.

다행히 회사는 바로 나의 의견에 따라 T의 업무와 야근을 줄여주었다. 또, T 본인도 기꺼이 나의 조언을 받아들이고, 적극적으로 과긴장 케어를 진행하면서 한 달 후 면담에서는 과긴장 증상이 상당히 개선되었다.

"회사에서 그 까다로운 담당자와 당분간 직접 대면하지 않아도 된다고 해서 마음이 놓여요. 업무량이 줄면서 퇴근이 빨라져 여유 있게 식사도 하고, 샤워도 해요. 선생님의 조언을 실천하면서 잠을 깊이 잘 수 있게 되었고, 아침에 기분 나쁜 나른함도 사라졌어요."

T는 한 달 전 모습과 확연히 달라져 있었고, 생기를 되찾아 미소를 머금은 얼굴로 경과를 이야기했다.

과긴장을 방치하면 나타나는 증상들

나는 산업보건의로 일하며 T처럼 과긴장 증상을 보이는 직원을 수없이 보아왔다. T는 다행히 과긴장 증상 발현 초기에 산업보건의 면담을 받았고, 회사에서도 의사의 소견에 따라 신속하게 업무량을 조절해준 덕분에 증상이 악화되는 걸 막을 수 있었다. 그러나 증상이 악화되어 휴직을 하는 직원도 여러 명 보았다. 불행히도 증상이 나타난 초기에 산업보건의 면담을 받을 기회가 없었거나, 회사가 의사의 소견을 반영하지 않은 케이스다.

개중에는 다 큰 성인이 이 정도도 못 이겨내는 건 정신력이 나약해서 그런 거라며, 힘든 상황을 스스로 받아들이지 못하고 억지로 버티면서 일을 하다 결국 '번 아웃'으로 발전하는 경우도 있었다.

위계적인 환경에서 본인이 과긴장임을 부정하는 케이스

산업보건의로 일한 지 얼마 되지 않았을 무렵 담당하던 기업에서 만난 힘들었던 사례 하나를 소개해보겠다. 당시 일본에서는 아직 근무 형태 개혁 관련 법안이 통과되지 않아 기업에서는 한 달 80시간을 넘는 시간 외 근무가 만연했다. (※2018년 6월 「근무 형태 개혁 관련 법안」이 통과하고 2019년 4월부터 「근무 형태 개혁 관련 법안」이 순차적으로 실시되었으며 시간 외 근무 상한 규제법 도입 및 위반 기업에 대한 처벌이 강화되었다.)

도쿄의 모 세무법인도 장시간 노동이 만연한 기업 중 하나였다. 월 80시간을 넘는 시간 외 근무는 당연하고, 월 100시간을 넘게 야근하는 직원도 적지 않았을 정도였다. 주로 어린 나이의 세무사들이 대부분이었는데 직원들 사이에 자연스럽게 경쟁 구도가 형성되어 고객 확보와 실적 올리기에 다들 필사적이었다.

산재 인정 기준(월 100시간 이상, 3개월 연속 80시간 이상 시간 외 근무)을 초과하는 직원을 회사가 추려내 형식적으로 산업보건의와 면담을 진행하게 했는데, 아무리 의사가 의견을 내도 회사는 개선 의지가 '제로'인 최악의 상황이었다. 이런 상황에서 장시간 노동으로 면담을 받으러 온 세무사 S(33세, 여)는 상담실에 들어올 때부터 안색이 어둡고, 얼굴에는 불만이 잔뜩 쌓여 있었다. 이야기를 들어보니, 6개월 동안 매일 4시간 이상 야근을 해왔고, 잠은 매일 3시간 정도밖에 못 자고 있었다.

"밤 10시가 넘어 집에 들어가는데, 그때부터 밥 먹고 샤워하고 세탁기를 돌리다 보면 거의 새벽 2시나 돼야 잘 수 있어요. 그리고 매일 아침마다 미팅이며 사내 스터디 모임도 나가야 해서 새벽 5시에 일어나서 출근한다니까요."

S는 숨도 쉬지 않고 말했다. 전형적인 수면 부족 상태라고 지적하자 S는 이렇게 받아쳤다.

"저도 알아요. 그래도 점심시간에 15분 정도 책상에 엎드려 쪽잠을 자요. 그리고 쉬는 날에는 7시간 정도 자니까 괜찮지 않을까요?"

하루 종일 머리가 멍하고 집중력이 떨어지지 않냐 물으니 뾰로통하게 대답했다.

"점심 먹은 후나, 저녁이 되면 누구나 피곤하지 않나요?"

날 선 반응에 위축되었으나 나는 굴하지 않고 이것저것 질문을 던져 보았다. 그녀는 어깨 결림이 심해 하루 종일 두통에 시달리며, 생리 주기가 불규칙하고, 자주 이명이나 어지러움을 겪고 있는 것 같았다. 게다가 매우 예민해져 있어 말투도 급하고 사소한 일에도 흥분을 감추지 못하는 듯 보였다. 나는 S에게 "장시간 노동이 지속되어 잠이 모자라니 몸이 비명을 지르고 있다."고 말하며 휴식을 권했지만, 듣지 않았다.

"그렇다고 지금 담당하는 고객을 나 몰라라 할 수도 없잖아요. 이번 케이스를 잘 마무리하지 못하면 회사에서 평가도 나빠질 텐데, 그럴 순 없어요."

그러면 최소한 아침 스터디나 미팅만이라도 빼고 수면 시간을 늘리는 것이 어떻겠냐고 제안하자 "그것도 중요한 평가 요소라서 커리어를 생각하면 빠질 수 없다."며 완고하게 거부했다.

파견 나온 산업보건의인 내게 그녀를 설득할 만한 재주도 없어, 회사에 '피로 누적으로 신체에 이상 징후가 발견되었으며, 불안증 소견도 있어 즉시 업무량과 야근을 줄일 것을 권장함.'이란 내용의 소견서를 제출하는 게 고작이었다. 그러나 장시간 노동이 일상인 회사가 해당 소견서를 진지하게 고려해줄 리 없었다. 인사 담당자에게 "S를 아침 미팅이나 스터디에서 당분간 빼줄 수 있는지" 물었으나 "본인의 의지가 강력해 강제로 제외시키긴 어렵다."고 단박에 거절당했다.

결국 S는 장시간 노동 상태를 수개월간 견디다 어느 날 아침 일어날 때 지독한 어지러움을 호소하며 자리에 도로 누워 구급차로 병원에 이송되었다. 진찰 결과는 '중증 메르니에 증후군'으로 당분간 입원 치료를 받아야 해서 몇 개월간 휴직할 수밖에 없었다.

S처럼 과긴장 증상이 관찰되는데도 조기에 적절한 조치를 하지 않은 경우 악화되어 중증 질환 수준으로 이환되는 경우가 적지 않다. 과긴장은 방치하면 절대 호전되지 않는다. 과긴장은 신체적 증상이자 정신 질환으로, 모든 병이 그렇듯 '조기 발견, 조기 치료'가 철칙이다. 그러므로 몸과 마음이 평소와 다르다고 느껴질 때는 스스로 상태를 체크하고, 적절한 관리를 받는 것이 무엇보다 중요하다.

혹시 나도? 과긴장 자가 진단 체크리스트

과긴장을 조기에 치료하기 위해선 먼저 내가 과긴장인지 여부를 알아차릴 수 있어야 한다. 다음의 체크리스트(29~30쪽)를 통해 나는 어느 단계인지 확인해보자.

'경증 과긴장'에 해당하는 증상들은 아마 일을 하는 사람이라면 한번쯤 경험해봤을 것이다. 나 또한 경증 과긴장을 자주 경험하곤 한다. 산업보건의 업무나 의사로서 힘든 케이스를 만나 상담이 생각처럼 잘 풀리지 않는 날이면 집에 가서도 상담 내용이 머리에서 떠나지 않아, 저녁 식사나 샤워를 할 때조차 편히 쉬기 힘들다. 이런 날은 확실히 잠자리가 뒤숭숭하다. 이 단계에서 '아, 과긴장 증상인 것 같은데' 하고 눈치 채고 과긴장을 치료하면 대부분 심각한 상태까지는 진행되지 않는다. 그러나 대부분은 경증 과긴장 단계에서 눈치 채지 못해 그냥 넘어가고, 그 상태가 장기간 지속되어 본격적으로 과긴장 증상이 발현된다.

'중등도 과긴장' 체크리스트에 열거한 항목은 과긴장의 대표적인 증상들이다. 이 단계에 이르면 이미 일련의 증상들이 발현되었을 가능성이 크다. 이런 증상들이 발현되고, '2주 이상 개선될 기미가 보이지 않고 지속되는 상태'라면 의료기관을 찾아 진료 받기를 추천한다. '중등도 과긴장' 증상의 맨 위쪽부터 9번째까지는 정신건강의학과 등의 의료기관을 찾아 검진을 받아야 한다.

다음 장에서 자세히 설명하겠지만 과긴장은 '스트레스로 인해 자율신경계의 교감신경에 과도한 긴장이 발생하며 나타나는 증상'으로 정식 의학용어는 아니다. 진료를 받을 경우 과긴장 증상뿐 아니라 '회사 일이 머리에서 떠나지 않아 밤에 잠을 설쳐 피로가 가시지 않는다'거나 '회사에 가기 힘들다'처럼 구체적인 증상을 이야기해야 한다. 정식 진단명은 진찰 후 의사의 판단에 따라 결정된다. 아마 가장 심각한 증상에 따라서 '불면증', '자율신경실조증', '우울감' 또는 '우울증', '적응장애'와 같은 병명을 진단받을 가능성이 있다.

중증도 과긴장 상태는 조기 진단이 필수

과긴장 체크리스트의 위에서부터 10번 항목 이후의 증상은 주로 신체적 증상에 관한 것이므로 먼저 해당하는 진료과를 찾아 이상이 없는지 정밀 검사를 받아야 한다. 소화기계 이상, 가슴 두근거림, 호흡곤란, 미열과 같은 증상은 우선 내과에 방문해 진료를 받아야 한다. 두통이 심한 경우 신경외과나 외과, 어지러움이 심한 경우 이비인후과나 어지럼증을 전문으로 보는 진료과를 찾아볼 수 있다.

해당 진료과에서 정밀 검사를 받고 '별다른 이상은 없으며, 스트레스에 의한 것일 가능성이 크다.'라는 진단을 받으면 그다음으로 정신건강의학과를 찾아 상담을 받아야 한다. 또, '일단 신체 증상 치료가 선행되어야 하나, 스트레스로 인한 심각한 정신적 증상도 관찰되므로 심리 상담을 받아보기를 권한다.'라고 진단받은 경우에도 정신건강의학과를 찾아 진찰을 받길 권한다.

처음부터 수면 장애나 신체적 증상이 복합적으로 나타나는 경우 정신건강의학과와 신체적 증상을 치료하는 진료과를 동시에 방문해 진료를 받아도 상관없다. 다만 양쪽 의료진에게 다른 병원을 다니고 있다는 사실을 미리 고지해야 한다.

[표1-1] 과긴장 자가 진단 체크리스트

해당되는 항목에 모두 체크해주세요.

	경증 과긴장 증상
1	최근 긴장되거나 신경 쓰이는 일이 늘어 기분이 가라앉는다.
2	눈코 뜰 새 없이 바빠 항상 시간에 쫓기는 기분이고 초조하다.
3	집에서도 업무 생각이 떠나지 않아 불안하고, 가족과 시간을 보내거나 혼자만의 시간을 즐기기 힘들어졌다.
4	낮에 있었던 일 때문에 신경 쓰여 퇴근 후에도 편히 쉴 수 없다.
5	자기 전에 회사 생각으로 뒤척이다 숙면을 취하지 못하고, 수면이 부족한 날이 늘었다.
6	집에서 휴식을 취하거나 기분 전환을 하기 힘들고, 연휴 다음 날에도 피로가 쌓여 몸이 개운하지 않다.
7	매사 여유가 없고, 쉽게 초조해지고 불안하다.
8	어깨와 목 결림, 이갈이 등의 증상이 심해졌다.
9	전에 비해 꿈을 자주 꾸고, 깊이 잠들지 못하는 것 같다.
10	배변활동에 문제가 생겼다. 변비 혹은 설사하는 날이 늘었다.
11	기분 전환을 위해 단 음식이나 술, 커피 등 카페인을 섭취하는 일이 눈에 띄게 늘었다.

중등도 과긴장 증상

1	회사 생각 때문에 쉽게 잠을 이루지 못한다. 뒤척임이 한 시간 이상 지속되며 며칠째 수면 부족에 시달린다.
2	자다가 자주 잠에서 깨고, 한번 깨면 다시 잠들기 힘들다.
3	회사 관련 고민이 꿈에 나오거나 깨어 있어도 머리가 멍하다.
4	퇴근 후 그날 있었던 일이 계속 생각나 않아 편히 쉬기 힘들다.
5	피로가 풀리지 않아 머리가 멍한 날이 늘었다. 가끔 가벼운 어지러움 증상이나 몸이 휘청거리는 것 같은 느낌이 든다.
6	감정을 제어하기 힘들다.(자주 욱하고 사소한 일에도 눈물이 난다.)
7	집중력이 약해지고, 부주의로 인한 실수나 건망증이 심해졌다.
8	머리가 멍해 판단이 힘들고, 평소의 업무 리듬을 찾기 힘들다.
9	기력 저하가 심해져 업무나 일상생활에 지장을 준다. (지각이나 결석이 늘고 집안도 평소보다 엉망이다.)
10	더부룩함, 속 쓰림, 소화불량, 심한 변비 혹은 설사와 같은 소화기 계통의 문제가 지속적으로 생긴다.
11	명확한 원인 없이 평소 앓던 요통, 관절염 등 관절의 통증, 고혈압, 당뇨가 악화되었다.
12	자주 두근거리고 답답하며 37도의 미열이 지속된다.
13	툭하면 감기나 기관지염, 위장염이 반복된다.
14	어깨 결림이 심하고, 자주 두통이나 어지러움을 느낀다.
15	오한이나 수족냉증, 손발 저림 등의 증상이 지속된다.

과긴장, 누구냐 넌?

앞에서도 말했듯이 과긴장이란 '자율신경계의 교감신경에 스트레스로 인한 과한 긴장이 발생하여 나타나는 증상의 통칭'이며 정식 명칭은 아니다. 여기서는 과긴장이 어떻게 발현되는지 그 메커니즘에 대해 살펴보고자 한다. (자율신경에 관한 전문적인 의학적 지식을 가진 사람은 이 장은 건너뛰어도 상관없다.)

사람의 몸에는 기본적으로 생명활동을 관장하는 자율신경이라는 중요한 신경계가 존재한다. 자율신경계는 순환, 호흡, 호르몬 분비, 배설, 체온 유지처럼 생명을 유지하는 데 필수적인 기능을 관장하며 내장, 심장, 혈관 및 소화관 등의 근육(평활근), 호르몬을 비롯한 내분비샘 조절기관 등 거의 우리 몸 전체에 분포되어 있다. 이들은 모두 스스로 움직이지 않는 장기이자 신체 시스템이다.

예를 들어 심장이나 폐, 간장은 우리가 일상생활을 하거나 잘 때도 활동을 멈추지 않는다. 체온이나 호르몬 분비는 우리의 의지와 상관없이 모두 저절로 조절된다. 즉, 자율신경계는 24시간 쉬지 않고 생명 유지 활동을 하는 중요한 신경계이다.

이 자율신경계는 교감신경과 부교감신경 두 가지 신경계로 이루어져 있으며, 상반되는 역할을 담당한다. 교감신경은 신체가 활동하는 동안에 주로 작용하는 신경계이다. 반면 부교감신경은 신체가 휴식이나 이완하는 동안에 주로 작용하는 신경계이다.

기본적으로 모든 장기는 교감신경과 부교감신경 두 신경계의 지배를 받고 있으며, 주로 교감신경이 활동을 보조하는 악셀, 부교감신경이 활동을 제어하는 브레이크 역할을 담당한다.

우리가 낮 동안 일을 하거나 활동을 하는 'ON' 상태일 때는 교감신경이 활발하게 작용한다. 교감신경은 심박수를 올려 혈액을 상승시키고, 체온을 적절하게 상승시킨다. 뇌를 각성 상태로 만들고, 근육에 긴장감을 주기 때문에 행동을 민첩하게 하고 두뇌 회전을 빠르게 한다. 반대로 활동에 지장을 주는 간이나 장의 움직임을 억제하여 음식물 소화나 호흡은 느려진다. 교감신경이 주로 작용하는 ON 모드는 활발하게 활동이 이루어지는 시간이므로 신체 에너지는 차츰 소모된다.

일이나 활동이 마무리되는 저녁이 되면 이제 부교감신경이 활발해진다. 심박수와 혈압을 떨어뜨리고, 근육의 긴장을 완화해 휴식 모드에 들어간다. 저녁 식사 시간이 되면 억제되어 있던 위장의 움직임이 활발해지고, 몸에 들어온 음식물이 소화되고 흡수된다. 하루 동안 각성 상태였던 뇌도 점차 이완되어 밤이 되면 자연스럽게 잠이 온다.

부교감신경이 주로 분비되는 OFF 모드에는 하루 종일 활동을 위해 소비되었던 에너지가 음식물의 소화 및 흡수와 같은 형태로 다시 축적되고, 피로를 해소하는 성장 호르몬이 자는 동안에 분비되어 몸 전체의 피로를 해소한다.

이처럼 우리 몸의 ON과 OFF를 낮과 밤에 맞춰 에너지를 조절하는 역할을 하는 것이 자율신경계이다. 자율신경계는 차가 양쪽 바퀴의 균형을 맞추듯 우리의 다양한 생명활동을 적절하게 조절하는 역할을 한다.

 스트레스는 자율신경계 균형을 망가뜨린다

그런데 이 자율신경계의 균형을 무너뜨리는 것이 바로 스트레스이다. 회사나 가정에서의 인간관계 트러블, 업무상 실적 압박에서 오는 불안, 초조, 우울처럼 불쾌한 감정이 유발하는 스트레스뿐만 아니라 장시간 노동이나 빡빡한 스케줄로 인한 피로와 수면 부족, 질병, 불규칙한 생활습관으로 발생하는 신체적 스트레스도 모두 자율신경계의 균형을 무너뜨리는 요인이다.

이 책의 주제이기도 한 과긴장은 이러한 스트레스 때문에 교감신경계가 과도하게 활발해지며 발생하는 심신의 다양한 문제를 총칭하는 말이다. 특히, 심리적인 스트레스가 지속되면 교감신경이 확연히 활발해진다.

회사나 가정에서 인간관계와 관련된 문제가 있거나 직장 내 괴롭힘을 당했거나 업무상 큰 실적 압박을 받으면 뇌의 대뇌변연계라는 곳에서 불안감이나 긴장감, 공포, 분노, 우울과 같은 불쾌한 감정을 만들어낸다.

우리 몸은 스트레스를 '적의 공격'으로 인식하여 '적과 싸우거나 도망가야 한다.'는 위험 신호를 내보낸다. 이 신호가 자율신경의 중추인 시상하부라는 뇌 부위로 전달되면 활동을 관장하는 교감신경을 자극해 활동 모드 즉 ON 상태를 만드는 것이다.

뇌가 '적과 싸우거나 도망가야 하는' 위급한 상황이라 판단한 이상 몸도 마음도 편하게 이완할 수 없다. 근육을 긴장시키고, 심박수와 혈압, 체온을 올려 활동력이 졸음을 물리치고 뇌를 각성상태로 만들어 임시 전투태세를 만들어야 한다.

따라서 활동 모드인 교감신경이 원래라면 이완을 담당하는 부교감신경으로 교체되어야 하는데 밤이 되어도 교체되지 못하고 흥분 상태가 지속되는 '과긴장' 상태에 빠지는 것이다.

교감신경 = ON 신경　　　　**부교감신경 = OFF 신경**

뇌는 스트레스를 '적의 공격'으로 인식하고 '싸우거나 도망가야 한다는 신호'를 보냅니다. 그러면 교감신경이 활발해지고 밤이 되어도 쉬지 못한 채 임시 전투 태세를 유지하게 됩니다.

심리적 스트레스뿐 아니라 신체적 스트레스 또한 자율신경계 균형을 무너뜨리는 요인으로 작용한다. 장시간 노동이나 이사처럼 격한 신체활동으로 발생하는 근육 피로 및 수면 부족, 질병이나 부상으로 인한 통증 및 고통은 신체적 스트레스의 대표적인 예이다.

지속적인 수면 부족, 불규칙한 식사, 극단적인 다이어트 등으로 인한 지속적인 영양 부족과 같은 불규칙한 생활습관 또한 우리 몸에 신체적 스트레스를 줘서 자율신경 균형을 무너뜨리는 요인으로 작용한다.

과긴장은 이처럼 심리적 스트레스와 신체적 스트레스가 복합적으로 작용할 때 발생한다. 한마디로 '몸과 마음에 스트레스가 쌓여 긴장된 상태'가 지속되면 자율신경계 균형이 무너져 과긴장 증상이 나타나는 것이다.

과긴장 증상은 교감신경에 영향을 주는 것으로 그치지 않는다. 교감신경의 흥분으로 간과 장의 위에 있는 부신이라는 장기에서 아드레날린이 분비되어 심박수와 혈압을 더욱 상승시킨다.

우리 뇌는 스트레스를 감지하면 시상하부에서 CRH(부신피질 자극 호르몬 분비 호르몬)라는 호르몬을 분비하는데, 이 때 뇌하수체라는 장기에서 ACTH(부신피질 자극 호르몬)를 분비한다. 이 ACTH가 혈류를 타고 부신으로 전달되면 코르티솔이라는 호르몬이 분비된다. 이 코르티솔은 '항 스트레스호르몬'이라고 불린다.

항 스트레스호르몬인 코르티솔은 스트레스에 대적하기 위해 간과 장에서 포도당(글루코스)을 생산해 혈당을 올리고 스트레스에 대적할 에너지를 공급한다. 마치 전장에서 싸울 전사에게 에너지를 보급하는 후방부대와 같은 작용을 하는 것이다.

이처럼 우리 몸은 스트레스라는 '적'을 인지하면 온 힘을 다해 스트레스에 대응하고 스트레스와 싸우려 한다. 그러나 과긴장 상태가 장기간 지속되면 처음에는 온몸을 전투 대비 태세로 만들어 스트레스와 싸우던 우리 몸이 시간이 흐를수록 점점 피폐해져 간다. 그 결과 신체의 에너지가 고갈되고, 몸은 쇠약해진다. 그리고 앞에 나온 과긴장 체크리스트(29~30쪽)의 '중등도 과긴장'으로 이행되어 병적인 이상 증상이 본격적으로 나타나게 된다.

참고로 항 스트레스호르몬인 코르티솔이 장기간 과도하

게 분비되면 면역력이 떨어지는 현상이 나타나기도 한다. 스트레스가 장기간 지속되면 감염에도 취약해질 뿐 아니라 최악의 경우 암 발생률이 증가한다는 보고도 있다.

몸과 마음의 스트레스를 유발하는 다양한 요인들

심리적인 스트레스는 싫거나 슬플 때뿐 아니라 의외로 긍정적인 상황에서도 발생한다. 가령 '승진', '인사이동', '이사', '결혼', '임신과 출산', '본인 혹은 가족의 졸업, 입학, 이직' 등의 큰 변화도 때에 따라 심리적 스트레스로 작용할 수 있다.

신체적 스트레스 또한 몸을 장시간 혹사할 때뿐 아니라, 외부 환경의 변화로 발생하기도 한다. 예를 들어, 한여름의 혹서기, 한겨울의 혹한기, 기온이나 기압이 크게 변하는 환절기에도 신체적 스트레스가 증가한다. 최근에는 계절이 바뀌는 환절기에 두통이 심해지거나 지병인 관절통이 악화되고 심한 어지러움으로 일이나 생활에 지장이 생기는 중증 자율신경실조증 증상을 '날씨병'이라 통칭한다. 현대인은 냉방 시설이 완비된 환경에 익숙해 외부 기온에 적응하는 능력이 떨어졌을 뿐 아니라 운동 부족이나 수면 부족으로 자율신경계의 균형이 깨져 있는 사람이 많고, '날씨병'을 앓는 사람이 늘어난 것 같다.

이야기가 조금 샜으나 다음 페이지에는 심리적 스트레스와 신체적 스트레스를 유발하기 쉬운 변화에 관해 정리해 보았다. 사실 다양한 변화는 몸과 마음에 스트레스 원인으로 작용할 수 있다. 언뜻 보면 기분 좋은 변화나 환영할 만한 변화라도 긴장이나 압박이 연속적으로 발생하여 기력이 쇠해지거나 신체적 피로가 누적되면 스트레스를 유발한다.

이러한 변화가 곧바로 스트레스로 직결되어 과긴장 증상을 유발하는 것은 아니지만, '이대로 가다간 스트레스가 쌓이겠는데?', '오래되면 과긴장으로 이어질 수도?'라며 경계하는 자세가 필요하다.

[표1-2] 몸과 마음의 스트레스를 유발하는 변화들

마음의 스트레스를 유발하는 변화들

회사나 가정에서의 인간관계 변화
- 본인 혹은 주변 사람의 이동
- 상사나 부하의 인사이동
- 본인 또는 배우자의 발령
- 자녀의 독립 등

회사나 개인사에서의 압박
- 중요한 프로젝트를 맡게 되었을 때
- 익숙하지 않은 업무를 갑자기 담당하게 되었을 때
- 자녀나 본인의 수험
- 승진 또는 이직
- 조직에서 막중한 역할을 맡게 되었을 때

회사 혹은 개인사로 발생한 문제 및 큰 충격
- 회사에서 직장 내 갑질 혹은 괴롭힘을 당했을 때
- 업무 실수로 고객이나 상사에게 피해를 주었을 때
- 본인이나 가족이 교통사고나 충격적인 사건을 당했을 때
- 본인 혹은 배우자가 좌천, 실직했을 때
- 가족이나 친척 사이에 큰 갈등이 발생했을 때
- 자녀가 등교 거부를 할 때 등

큰 사건이나 환경의 변화
- 결혼 또는 이혼
- 임신, 출산
- 이사, 지방 발령
- 화재로 인한 큰 피해
- 가족이나 반려동물의 건강 악화 또는 사망

신체의 스트레스를 유발하는 변화들

신체적 피로 누적
- 장시간 노동 (월 45시간 이상의 야근 기준)
- 충분한 휴식을 취하지 못할 정도의 간병 및 보살핌
- 연속된 수면 부족
- 낮과 밤이 바뀐 불규칙한 생활습관의 지속
- 일상생활에 영향을 줄 정도의 질병 및 부상

심한 다이어트나 장기간에 걸친 영양 부족
원격 근무로 인한 운동 부족 상태
혹서기 또는 혹한기의 날씨
기온 변화가 심한 환절기

제2장

과긴장에 취약한 사람, 과긴장을 유발하는 환경

과긴장에 취약한 사람 5가지 유형

나는 일하는 사람들을 대상으로 정신건강 관련 강연을 할 때 과긴장 이야기를 빼놓지 않고 한다. 먼저 과긴장 체크리스트를 나눠주고, 이 증상들을 경험해본 적 있는지를 물으면 직종을 불문하고 90퍼센트 이상이 손을 든다. 매사에 배려와 주변에 협조적인 자세가 요구되는 일본의 직장 문화에서는 거의 모든 업종이 과긴장으로부터 자유롭지 않다.

그러나 이 가운데서도 특히 과긴장에 취약한 유형의 사람이 있다. 여기서는 과긴장에 취약한 타입, 즉, 내적 요인에 관해 이야기해보고자 한다. 먼저 다음 페이지 [표 2-1]의 체크리스트로 본인의 유형을 체크해보자.

[표2-1] 과긴장의 내적 요인

해당되는 항목에 모두 체크해주세요.

1	다른 사람에게 맡기기보다 혼자 하는 게 빠를 것 같아 맡기지 못하고 혼자서 해치우려는 경향이 있다.
2	다양한 상황을 머릿속에 그려보고 그때그때 대처할 수 있도록 만반의 준비를 한다.
3	내일 해도 되는 일을 미리 끝내려고 무리하게 야근하거나 잠잘 시간을 쪼개어 마무리한다.
4	본인이 정한 루틴이나 업무는 바빠도 어떻게든 지키려고 한다.
5	사소한 일도 본인이 납득할 수 있을 때까지 물고 늘어진다.
6	평소 다른 사람에게 피해 주지 않기 위해 지나치게 신경 쓴다.
7	다른 사람이 크게 신경 안 쓰는 부분도 본인 성에 찰 때까지 물고 늘어지는 경우가 많다.
8	회사나 조직 내의 규율은 무조건 지켜야 한다고 생각한다.
9	실수하지 않도록 다른 사람보다 몇 번이고 더 확인한다.
10	가족이나 주변 사람으로부터 '엄격하다', '융통성이 없다'라는 말을 자주 듣는다.
11	누가 부탁하면 내 일정을 바꿔서라도 들어주려고 한다.
12	'성격이 좋다', '좋은 사람'이란 칭찬을 들을 때 가장 기쁘다.
13	상대방의 기분을 상하게 하지 않으려고 하다 보니 내 기분은 뒷전인 경우가 많다.

14	곤란한 사람을 보면 열 일 제쳐두고 도와주려 한다.
15	내키지 않는 모임이나 약속도 거절하기 귀찮아 억지로 나간다.
16	쉬면 시간이 아깝다는 생각이 들어 빡빡하게 스케줄을 잡는다.
17	'시간은 금'이 생활신조이다. 최대한 게을러지지 않도록 경계하며 '시간 대비 효율'을 항상 신경 쓰며 움직인다.
18	경쟁심이 강한 편이고, 다른 사람에게 지기 싫어 자신을 극한까지 몰아붙인다.
19	예상대로 일이 진행되지 않으면 심하게 초조하고 불안하다.
20	회사나 집에서 여러 가지 일을 동시에 처리하는 게 익숙하다.
21	부정적인 편이며 쉽게 불안해져 미리 앞서서 걱정하는 편이다.
22	타인의 평가나 평판에 항상 신경 쓴다. 친하더라도 가족처럼 완전히 마음을 터놓지 못하고, 다른 사람과 시간을 보내고 나면 금세 지친다.
23	사소한 실수를 해도 죄책감을 느끼고 자책하며 동굴로 들어가는 경우가 많다.
24	마음 내키지 않는 일이나 괴로운 일이 있으면 오랫동안 기억한다. 집에 돌아와서도 좀처럼 기분이 나아지지 않는다.
25	일이 한번 잘 안 풀리면 계속 잘 안 풀릴 것 같아 불안하다.

체크리스트의 각 카테고리에서 세 가지 이상 해당할 경우 과긴장에 취약한 유형일 가능성이 크다. 유형별로 자세히 살펴보자.

1~ 5번에 체크가 많은 사람
>>> **"완벽주의 유형"**

일의 세세한 부분까지 본인 스타일대로 완벽하게 해야 직성이 풀리는 타입이다. 일은 물론 일상생활에서도 본인이 정한 목표나 업무를 어떻게든 완벽하게 해내기 위해 노력하는 사람이 완벽주의 유형에 해당한다.

일을 차질 없이 완벽한 수준으로 해내기 때문에 회사 내에서 평판이 좋은 경우가 많고, 중요한 업무를 동시에 여러 개 처리하는 경우가 많을 것이다. 완벽주의 유형에는 우수한 인재가 많기 때문에 다른 사람에게 맡기기보다 본인이 처리하는 게 더 빠르고 정확하다고 생각해 많은 일을 떠안곤 한다.

또, 한번 하겠다고 정한 건 완벽한 수준에 이를 때까지 노력하기 때문에 다이어트나 자격증 공부처럼 매일 꾸준히 해야 하는 일이나 인내심이 필요한 일도 곧잘 해내는 유형이다. 집안일이나 육아도 자신이 정한 루틴은 아무리 일이 많고 바빠도 해내기 위해 노력한다.

특히 이 유형은 자신이 정한 목표나 수준에 도달하기 위해 꾸준히 노력하기 때문에 회사에서도 집에서도 집중력을 높여 작업하는 ON 모드가 긴 것이 특징이다. 업무도 순조롭고 개인적으로도 여유로울 때는 이런 성향이 문제가 없지만, 업무가 집중되는 시기이거나 혹은 예상치 못한 문제로 업무량이 갑자기 많아질 때, 개인적으로 여러 가지 일(자녀 입시, 입학, 졸업, 가족의 질병, 관혼상제 등)이 겹치기라도 하면 과긴장에 쉽게 노출된다. 따라서 교감신경에 휴식을 주고 몸의 이완을 담당하는 부교감신경이 활발해지는 OFF 시간(수면과 휴식 같은)을 점점 갉아먹기 쉬워 신체에 피로가 쉽게 누적된다.

6 ~ 10번에 체크가 많은 사람
>>> "성실한 모범생 유형"

성실하고 조직이나 사회의 규칙을 목숨처럼 생각하는 유형이다. 또, 다른 사람에게 피해를 주는 걸 매우 싫어하고, 상황이 어떻든 맡겨진 임무나 책임을 다하려고 노력한다. 컨디션이 좋지 않아도 휴가를 쓰지 못한다.

일단 맡은 일은 설령 힘들더라도 약한 소리를 못 하고, 어떻게든 해내려는 책임감이 강한 유형이다. 그래서 주변에서 '믿을 만한 사람'이란 평을 듣는 경우가 많고, 공적으로나 사적으로나 조직에서 중책을 부여받는 경우가 많을 것이다.

그러나 그 이면에 규율이나 관습(본인 기준에서의 상식)을 고수하려는 경향이 강해 융통성이 없고, 임기응변이 부족한 경우가 있다. 업무나 개인사에서 예상 밖의 일이 겹치거나 인사이동 등 주변 환경이 급작스럽게 변화해 기존의 룰이 통용되지 않을 때 이에 적응하는 데 다른 사람보다 시간이 오래 걸리는 경향이 있다. 이 기간에 심한 스트레스를 지속적으로 받기 때문에 몸이 휴식을 취하지 못해 과긴장 상태에 쉽게 빠질 수 있다.

또, 이 유형의 경우 동료에게 도움을 요청하거나 상사에게 부탁해서 업무 내용을 조정하는 걸 '피해'를 주는 행위라 생각해 극도로 꺼린다. 컨디션이 안 좋아도 무리하게 일을 하다 과긴장에 노출되기 쉽다.

11~ 15번에 체크가 많은 사람
>>> "NO라고 거절 못 하는 자기희생 유형"
다른 사람의 안색을 살피지만, 정작 본인은 내색하지 않는

경향이 심한 사람이 이 유형이다. 곤란한 일이나 마음이 내키지 않는 부탁에도 NO라고 말하지 못하고 마지못해 OK 해서 내면에 스트레스가 쉽게 축적되는 유형이다.

조직에서는 '좋은 사람', '친절한 사람'으로 통하는 경우가 많고, 본인도 내심 이를 자랑스러워한다. 그래서 다른 사람에게 불쾌한 감정을 주기 싫고, 타인에게 미움을 받고 싶지 않다는 마음이 강한 유형이다. 피곤해도 야근을 마다치 않거나 개인 시간까지 고객을 위해 내어주는 등 자기희생을 통해 주변의 요구에 응하려고 한다. 회사 내 인간관계에 문제가 없고, 고객과도 원활하게 소통이 될 때는 문제가 없겠지만, 가치관이 맞지 않는 상사나 동료와 일해야 할 때, 까다로운 고객을 맡았을 때 스트레스가 급격하게 증가하여 자율신경 균형이 깨지기 쉽다.

또, 사적으로도 가족이나 친구의 요구에 쉽게 거절하지 못해 본인의 휴식 시간이나 수면 시간을 희생하는 경향이 있다. 이러한 유형도 과긴장에 취약한 타입이다.

15 ~ 20번에 체크가 많은 사람
>>> 조급하고 지기 싫어하는 유형

일을 좋아하고 지기 싫어하는 사람이 많다. 항상 '뭔가 해야 해!', '자기계발로 나의 가치를 올려야 해!'라며 틈틈이 일이나 공부, 집안일 등을 끼워 넣는다. 스스로 할 일을 찾아서 하는 유형이기 때문에 시간에 쫓기는 경우가 많다.

휴일에 아무것도 하지 않고 시간을 보내면 '시간 낭비했다'며 자책하는 것 또한 이 유형의 특징이다. 이완이나 휴식을 취하는 시간을 아깝다고 생각하는 경향이 있고, 항상 시간에 쫓기며 살기 때문에 교감신경이 활성화되는 시간이 일반적인 사람들의 평균보다 긴 경향이 있다.

본인의 의지대로 수면 시간이나 쉬는 시간을 확보할 수 있으면 괜찮지만, 갑작스럽게 여러 가지 일이 겹쳐 '해야 할 일'이 산더미처럼 쌓일 때, 혹은 자격증 시험이나 이사와 같이 '하고 싶은 일'이 갑자기 늘어날 때를 주의해야 한다. 조금의 틈도 허용하지 않고 촘촘하게 일정을 짜서 수면이나 휴식 시간 등을 점점 갉아먹기 먹기 때문에 정작 몸과 마음에 휴식을 취할 시간이 줄어든다. 그 결과 과긴장 증상이 발현될 우려가 있다.

21 ~ 25번에 체크가 많은 사람
>>> **"걱정이 많고 소심한 유형"**

이 유형은 섬세한 성격으로, 세심한 일에 신경을 쓰거나 부정적 걱정을 키우는 유형이다. 불이 났다는 뉴스를 보면 걱정이 돼서 바로 화재 방지 용품을 구매하거나, 암 관련 기사를 보고는 불안해져 자신의 건강검진 일정을 앞당기는 등 부정적 상상이 사고를 지배하기 쉬운 경향을 보인다.

업무상 사소한 실수를 해서 상사로부터 지적을 받으면 '인사고과가 나빠지면 어쩌지?', '승진 대상에서 누락되면?' 등 계속 부정적인 방향으로 생각의 꼬리가 이어져 기분이 처진다. 집에 돌아가서도 편히 쉬지 못하고 부정적 생각을 떨쳐버리지 못해 자다가 뒤척거리거나 수면의 질이 떨어져 불면증에 취약한 경향이 있다.

'타인의 시선', '타인의 평가'를 의식하며 타인에게 항상 경계심을 갖는다. 그래서 가족 외의 타인은 아무리 친한 친구라도 지나치게 신경 쓰기 때문에 쉬는 날 친구와 약속이 있으면 아무리 즐겁게 시간을 보냈어도 쉽게 지쳐 피로가 누적된다. 업무상 해결해야 할 일이 하나하나 쌓이거나 개인적인 행사가 연달아 있어 집에서 쉬는 시간이나 휴식을 마음대로 조절하지 못하는 상황이 지속되면 과긴장에 노출되는 유형이다.

현대인은 과긴장에 취약할 수밖에 없다

과긴장 증상을 겪는 사람 중엔 여러 유형에 복합적으로 해당하는 경우가 많다. 이 책을 펼친 여러분은 분명 다섯 가지 유형 중 어느 하나에 해당할 것이다. 혹은 하나 이상의 유형에 해당하지는 않는가?

나라마다 국민들의 특성이 있는데, 일본 사람들의 경우 다른 나라 사람보다 '근면하고 성실하다'는 것으로 알려져 있다. '맡은 일은 책임감을 갖고 성실하게 한다', '소심해서 자기주장을 잘 내세우지 않는다', '타인을 배려한다'는 것도 흔히 알고 있는 일본인의 특징이다. 즉 이러한 국민성만 보더라도 '완벽주의', '성실함', 'NO라고 거절하지 못함', '소심함' 유형에 상당 부분 해당하는 것이다.

그리고 일본인이 일본의 회사에서 일하면 더욱 근면함, 책임감, 주변에 대한 배려를 요구받게 된다. 또한 지금의 성과주의가 뿌리내린 직장 문화에서는 다른 사람과의 경쟁도 피할 수 없어 끊임없이 성과를 올려야 하는 부담을 느끼게 된다.

더욱이 1990년대 후반부터는 PC와 인터넷, 휴대전화 등 정보통신 기술이 급속도로 보급되면서 우리는 '언제', '어디서나' 다른 사람과 연결될 수 있는 세상에 살고 있다. IT 기기의 발달은 업무와 일상 커뮤니케이션에서 매우 편리한 도구지만 치명적인 단점도 가지고 있는데, 그걸 한 줄로 요약하면 'ON 모드의 연장 & OFF 모드의 양적 질적 악화'이다.

1990년대까지는 회사에서 집에 돌아오면 외부와 접속할 수 있는 방법이 전화나 팩스 정도가 전부였다. 밤 9시 이후에는 정말 친밀한 사람이나 급한 연락 외에는 전화를 거는 일이 없고, 팩스를 보내는 일도 많지 않았다. 대부분 사람들은 퇴근하고 집에 오면 자연스럽게 업무나 인간관계에서 해방되어 친밀한 사람과 단란하게 혹은 혼자만의 시간을 보낼 수 있었다. 지금 40대 이상의 사람들이라면, 아마 어린 시절에 '밤 9시 이후에는 아주 급한 일이 아니라면 다른 사람 집에 전화하지 말라.'고 부모님에게 배웠을 것이다. 집에는 유선 전화가 한 대밖에 없었고, 밤 9시 이후에 친구와 통화를 하려면 매우 곤란하기 그지없었다.

그러나 지금은 전 세계 각국의 사람들과 편리하게 연락할 수 있고, 장소와 시간에 구애받지 않고 대화하거나 업무를 볼 수도 있게 되었다. 친구는커녕 친하지 않은 사람과도 언제든 SNS나 스마트폰으로 쉽게 이야기를 나눌 수 있게 되었다.

그 결과 점점 ON 모드의 시간이 늘어나고, 몸과 마음에 휴식을 주는 OFF 모드는 자연히 줄어들게 되었다. 퇴근 후에는 좀 쉬겠다며 스마트폰이나 컴퓨터를 켜지만, SNS나 온라인 대전 게임에서 친하지도 않은 타인과 교류를 하다 보면 생각보다 긴장감을 느끼거나 신경 써야 할 일이 많아서 OFF 모드의 질이 떨어진다.

타인으로부터 받는 긴장감의 정도는 그 사람과의 '친밀도'와 반비례한다. 회사에서는 업무상 관계로, 집에 돌아와서는 잘 모르는 생판 남과 부대끼다 보면 한 순간도 긴장을 늦추기 힘들다.

종합적으로 생각해보면 현대인은 과긴장에서 자유로운 게 오히려 이상할 정도이다. 사실 나 또한 '완벽주의 유형', '성미 급하고 지기 싫어하는 유형', '걱정 많고 소심한 유형'에 80퍼센트 이상 해당한다. 덕분에 젊을 때부터 과긴장 증상을 종종 경험하곤 했다. 학창 시절부터 20대 초반까지는 스트레스에 대한 의학적 지식도 없어 불면증이나 과민성대장증후군 증상을 겪기도 했다.

그러나 정신과 의사가 된 후에는 전문 분야의 의학 지식을 섭렵해 자가 진단 및 치료가 가능했고, 코칭이나 세미나를 하며 사회적 능력도 발달했다. 수면유도제 등의 의약품도 적절하게 처방할 수 있으므로 지금도 가벼운 과긴장 증상을 느낄 때가 있지만 중증까지 악화되지는 않는다.

만약 여러분이 과긴장의 여러 유형에 동시에 해당된다고 해도 괜찮다. 일단 이 책을 통해 과긴장에 대해 공부하고, 예방하려면 어떻게 해야 하는지, 치료법은 무엇인지를 공부한다면 과긴장에 취약한 사람이라도 충분히 스스로 컨트롤할 수 있을 것이다.

 과긴장을 유발하는 상황을 파악해보자

제1장에서 '몸과 마음의 스트레스를 유발하는 변화들'을 보기 쉽게 표로 정리했는데(43~44쪽), 여기서는 좀 더 자세하고 구체적으로 '과긴장에 노출되기 쉬운 상황'에 대해 살펴보자. 내가 산업보건의와 정신건강의학과 의사로 일하며 만난 과긴장 상태의 환자들이 어떤 상황에 처해 있었는지에 대해 소개해보겠다.

안팎으로 변화가 많은 시기

1장에서 언급했듯, 환경의 다양한 변화는 스트레스의 원인으로 작용한다. 이 점을 기억하지 않으면 자신도 모르게 과긴장 상태가 될 수 있다. 특히, 주의해야 할 시기가 3~4

월이다. 졸업과 입학, 취직, 이직, 이사, 회사 내에서의 조직개편, 인사이동 등 사회 각 분야에서 해마다 변화가 급격히 늘어나는 시기이다. 본인이 인사이동 대상자가 되어 새로운 부서에서 업무를 하게 된 경우에는 일과 인간관계에 익숙해질 때까지 높은 수준의 긴장 상태가 지속된다.

본인이 인사이동 대상자가 아니라도 같이 일하던 상사나 부하가 다른 팀으로 가고, 새로운 동료나 상사가 오면 그 사람들에게 익숙해져야 한다. 주변 인간관계의 변화는 높은 수준의 긴장을 유발한다.

또 학교에서는 새 학기가 시작되는데, 자녀가 있는 사람은 학교에 방문하거나 챙겨야 할 것들이 많아 평소보다 바쁘고 신경 써야 할 일이 늘어난다. 자녀가 없더라도 지역사회에서의 인간관계, 취미활동 동호회 등에서 그 해를 맡을 임원이 선출되기라도 하면 새로운 활동이 추가될 수 있다. 직장에서의 변화에 더해 개인적으로도 생활 리듬에 변화가 생기면 몸과 마음에 휴식 시간이 부족해 과긴장으로 인한 피로가 자기도 모르는 사이에 축적된다.

뿐만 아니다. 겨울에서 봄으로 넘어가는 이 시기는 계절의 변화도 뚜렷해 매일 기온차가 극심하게 나타난다. 그러면 자율신경계에도 부담이 늘어나게 된다. 자율신경은 혈류와 땀, 근육의 긴장도에 변화를 줘서 체온조절을 한다. 일교차가 큰 '환절기'는 평소보다 자율신경의 업무가 늘어나는 시기라 호르몬 균형이 깨지기 쉽다.

정리해보면, 3~4월은 사회적 변화가 크고 각종 행사와 이벤트가 끊이지 않아 과긴장을 유발하기 쉽고, 큰 기온차와 급변하는 날씨 탓에 이 시기부터 6월까지는 자율신경 실조증이나 정신적으로 취약해지기 쉬운 대표적인 시기라 할 수 있다.

이 시기에 내가 만났던 이들의 사례를 구체적으로 한번 살펴보자.

case 1_전일제 근무와 집안일, 육아 병행으로 과로 상태에 빠진 N

N은 식품회사 경리부에 근무하는 32세 여성이며, 여섯 살 자녀를 키우는 워킹맘이다. 평소에는 육아 단축근무를 이용해 오후 4시에 퇴근해서 유치원에 아이를 데리러 갔다가 집에 와서 집안일과 육아에 치이는 바쁜 하루하루를 보내고 있다. 경리부는 결산기인 3월에 업무가 집중되는데 공교롭게 동료가 2월부터 몸이 안 좋아 입원하는 바람에

N은 상사의 부탁으로 단축근무를 반납하고 오후 5시까지 근무하게 되었다. 유치원에는 사정을 말해 시간을 연장하고 퇴근 후 정신없이 아이 하원을 위해 달려갔다가 집에 와서도 시간에 쫓기며 집안일을 하는 눈코 뜰 새 없는 3월을 보냈다.

그 시기에 아이는 유치원을 졸업하고 근처 초등학교에 입학했는데, 주말에도 졸업 준비와 입학 설명회로 유치원과 초등학교를 방문하거나 학교 준비물을 사러 가는 등 평소보다 개인적으로도 바쁜 나날이 이어졌다. N은 워낙 꼼꼼한 편이라 아이가 초등학교에 가지고 갈 물체 주머니와 실내화를 자신의 어머니가 그랬던 것처럼 손수 만들어주고 싶었다. 그래서 서툰 바느질에 힘을 쏟느라 주말에 수면 시간이 평소보다 두 시간이나 줄었다고 한다.

겨우 정신없던 3월이 끝났지만, 4월부터는 초등학교의 학부모회에 학교 설명회 등 행사가 끊이지 않았다. 게다가 N은 학부모회 임원에도 뽑히는 바람에 학부모 모임에도 몇 번이나 참석해 잘 모르는 사람들 사이에서 긴장되는 시간을 보내는 날이 늘었다. 회사에서는 직속 상사의 부서 이동으로 새로운 상사가 부임했다. 새 상사가 기존의 업무 시스템을 바꾸는 바람에 크나큰 변화에 연달아 대처하느라 업무 밀도가 급격하게 증가해서 점심도 못 먹고 시간에 쫓기며 일을 처리하기에 바빴다.

5월 연휴가 시작될 무렵부터 N은 아침에 일어나도 피로가 가시질 않고, 지병이던 아토피염이 악화되었다. 밤에는 피부가 가려워 깊이 잠들지 못하고, 신체 피로는 더욱 심해져 출근 준비나 아이의 등원 준비에도 차질이 생겨 평소보다 시간이 더 걸리게 되었다. 37℃ 정도의 미열이 지속되어 내과를 찾았으나 혈액검사에서 별다른 이상 소견은 없었다고 한다. 이 사이 N은 회사에 몇 번인가 지각을 하는 날이 늘었고, 업무 중에도 머리가 멍해 실수해서 상사의 권유로 산업의 면담을 받게 된 것이었다.

"항상 시간에 쫓겨 이것도 해야 하고 저것도 해야 한다는 생각에 마음은 초조한데, 머리와 몸은 무거워 업무고 일이고 제대로 하는 게 하나도 없어요. 그러다 보니 불안하고 잘 해내지 못하는 제 모습이 싫어 의기소침해지는 등 감정기복이 심해요. 계속 미열도 나고요."
"새로 온 상사가 시스템도 대대적으로 바꿔서 다들 정신이 없어요. 업무 중에 조금도 긴장을 늦출 수 없죠."
"학부모회 임원도 맡기 싫었는데 추첨으로 뽑혀서 어쩔 수 없이 하고 있어요. 일하는 사람은 전혀 배려해주지 않고, 평일 낮에 모임을 열어 그때마다 회사에 유급 휴가를 써야 하는데 그것도 마음이 무거워요. 학부모회에서 연락이 올 때마다 가슴이 두근거리기까지 해요."

N은 피곤이 역력한 표정으로 이야기했다.
N은 3월 업무 집중기에 비정기적인 업무 대응에다가 4월부터 시작된 자녀의 초등학교 입학(일본은 4월에 새학기가 시작된다._편집자 주), 새로 부임한 상사의 업무 시스템 재배치와 같은 연이은 변화로 과긴장 상태가 지속되었고, 명백한 과로 상태에 빠져 있었다.

N의 성격은 '완벽주의'면서 '모범생' 유형이다. 상사의 명령이나 본인이 정한 룰은 반드시 지키기 때문에 자는 시간과 쉬는 시간을 줄여 가며 노력했다. 3월 업무 집중기에 야근을 마다하지 않고 노력하느라 힘들었음에도 아이 입학 준비로 본인이 만족할 만한 수준을 이루기 위해 밤까지 재봉에 매달린 것이다.

또, '거절하지 못하는 희생적 유형'에도 해당해 상사의 야근 요청을 거절하지 못했고, 억지로 학부모회 임원을 맡아 평일 모임에도 무리해서 참가하려고 노력했다. 그러다 보니 몸과 마음에 피로와 스트레스가 축적된 듯했다. 과긴장 증상이 지속되어 과로 상태가 되면 평소 앓던 지병이 악화되거나 수면 및 식욕에 영향을 주기도 한다. 이 악순환은 집중력을 떨어뜨려 안 하던 실수를 하거나, 업무나 집안일 처리 속도가 늦어지는 등의 증상이 나타날 수 있다.

나는 병원에 제출할 진료의뢰서를 주면서 N에게 과로를 줄이고 컨디션을 회복하기 위해 휴식할 것을 권했다. N은 바로 가까운 병원을 찾아가 검진을 받았고, '자율신경 실조증' 진단을 받아 그길로 3개월 휴직에 들어갔다. 복직할 때쯤 N은 완전히 체력을 회복한 듯 이렇게 말했다.

"체력이 회복되니 머리가 잘 돌아가고, 집안일도 착착 처리하게 되었어요. 휴직하는 동안 학부모회 임원은 건강상 이유로 사퇴했고요. 이제는 너무 무리하지 않고 제 몸을 돌보며 일하고 싶어요."

N의 사례에서 알 수 있듯이 연속적으로 환경 변화를 겪을 때 누구나 과긴장 상태에 빠질 수 있다.

"변화가 많은 시기에는 특히 주의할 것!"

이 말을 명심하고, 만약 '자녀의 입학이나 졸업', '결혼과 출산', '이직' 등 축하할 만한 변화라도 절대 무리하지 않는 것이 중요하다. 휴식과 수면 시간을 가능한 한 충분히 확보하고 가능한 다른 곳에서 동시에 변화가 생기는 일은 피하는 것이 포인트이다. 힘을 빼도 되는 곳은 확실히 힘을 빼고, NO라고 거절해야 할 때는 확실히 거절해서 '휴식과 이완하는 시간'을 방해받지 않도록 하자.

좋은 일도 스트레스 상황이 될 수 있다

회사에서 실력을 인정받아 관리직으로 승진하거나 프로젝트 리더로 선출되었을 때도 과긴장에 빠지지 않도록 주의해야 한다. 또 이제까지는 현장에서 보조 역할을 하다가 처음으로 부하 직원과 팀을 관리하는 업무를 맡았을 때도 마찬가지로 주의가 필요하다.

직책이 올라가면 대부분의 사람은 기뻐하며 기대에 부응하기 위해 노력한다. 노력한다는 것은 좋은 의미로 평소보다 긴장이 증가하는 상황이다. 당연히 위로 올라갈수록 주어진 임무가 무거워지고, 아랫사람을 관리해야 하므로 회사 일이 항상 머리에서 떠나지 않는다.

따라서 승진하거나 리더로 발탁되었을 때일수록 사실 휴

식과 이완이 필요한데, 대부분은 이전보다 더 많이 업무에 힘을 쏟느라 휴식이나 이완하는 시간을 줄여 가며 일에 매진한다. 그 결과 과긴장에 빠지게 된다.

case 2_부장으로 승진 후 고혈압 진단받은 G

40대 남성 G는 꾸준히 성실하게 쌓아온 실적을 인정받아 해가 바뀌며 부장으로 승진 발령을 받았다. G는 열심히 전임자에게 인수인계를 받았고, 실수가 없도록 인수인계 내용을 밤늦게까지 꼼꼼하게 서류로 정리했다. 또 부하직원 한 사람씩 면담을 시작해 업무의 진행도나 회사생활에서의 애로사항 등을 청취했다.

부장이 되고 나서는 모범을 보여야 한다는 생각에 오랫동안 피워온 담배를 끊으려 금연을 시작했다. 그리고 부장이 되면 해외 바이어를 접견할 일이 많기 때문에 화상 영어회화 수업을 10년 만에 다시 시작했다. 그런데 승진해서 의욕이 충만했던 G는 8월에 접어들자, 몸에 피로가 누적되고 말았다. 아침에 일어났을 때도 종종 두통에 시달렸다고 한다. 마침 회사에서 건강검진을 받을 시기가 되어 검진을 받았는데, 원래부터 좀 높았던 혈압이 160/100mmHg 이상으로 올랐다. 곧바로 2차 병원으로 가서 진료를 받아보라는 담당 의사의 말에 갑자기 불안이 엄습하며 건강염

려증이 생겼다고 한다.

혈압은 약을 먹자 점차 떨어졌으나 인터넷에 검색해보니 '고혈압인 사람은 뇌출혈이나 협심증에 걸릴 수 있다.'는 기사를 보고 다시 건강에 대한 불안감이 엄습했다고 한다. 그런 염려들 때문에 G는 산업의 면담을 신청했는데, G는 상담실 문을 들어서자마자 이렇게 말했다.

"부장으로 승진했을 때 가득했던 의욕이 최근에는 점점 떨어지는 것 같아요."

나는 자세한 사정을 물었다. G는 부장으로 승진했으나 일에 매달리느라 자는 시간을 줄이면서까지 일하는 날이 많고, 수면 시간은 평균 5시간밖에 되지 않는다고 했다. 부하 직원 한 명씩 1대1 면담을 정기적으로 해온 것도 야근을 늘리는 데 한몫했다.

해외 바이어와의 미팅에서는 다른 팀 부장과 비교하면 본인의 영어 실력이 떨어진다고 생각하고 있었다. 그래서 좀 더 유창하게 영어를 하고 싶어 밤늦게 퇴근해서도 잘 시간을 줄여 화상으로 영어회화 수업을 듣고 있었다. 이런 상황이니 수면 부족에 시달릴 수밖에 없었다.

 승진을 계기로 모든 걸 완벽하게 해야 한다고 의지를 불태우다 보면 수면 시간이 줄고 긴장 상태가 지속될 수 있어요. 그러한 과긴장 상태가 때에 따라 고혈압 등 신체의 구체적인 증상을 유발하기도 합니다.

"부장이 된 후에, 가능하면 부하직원의 요청에 맞춰 업무를 분담해야겠다고 생각했어요. 하지만 100퍼센트 의견을 수렴하지 못했고, 이에 불만을 품는 부하직원도 생겼어요. 제가 너무 풀어준 건지 아니면 요즘 젊은 친구들이 그런 건진 모르겠는데, 상당히 노골적으로 불만을 표출하는 직원도 있어 최근에는 1대1 면담이 꽤 괴롭네요. 이런 직원들과 면담하기 전날에는 마음이 무겁고 자려고 누워도 좀처럼 잠이 오지 않아요. 이러다 또 고혈압이 재발해 협심증 같은 중병으로 이어지는 건 아닐지……."

G의 얼굴에는 감출 수 없는 피로가 내려앉아 있었다.
나는 G에게 과긴장 증상일 가능성이 높다고 말하고 일단 충분한 수면과 휴식을 권했다. 구체적으로는 영어회화 수업이나 스트레스 원인인 1대1 면담의 횟수를 대폭 줄이고 대신 휴식과 수면에 집중하라고 조언했다.

승진으로 의욕이 앞선 G는 휴식과 수면 시간을 줄이며 본인을 극한까지 몰아댄 것이다. G는 아마도 '성실한 모범생 유형'과 '조급하고 지기 싫어하는 유형', '완벽주의 유형'에 해당하는 성격일 것이다. 이는 조직 내에서 우수하다는 평가를 받는 일벌레 스타일의 사람들에게 보이는 전형적인 세 가지 유형이다. 이들은 사회나 조직의 기대에 부응하기 위해 조직의 규율이나 본인이 정한 목표를 무슨 일이 있어도 완벽하게 해내려 한다. 또, 자기계발 욕구와 경쟁심도 상당히 강해 주변과 비교하며 본인에게 부족한 점을 찾아 어떻게든 개선하기 위해 노력한다.

G의 경우 여기에 더해 '걱정 많은 소심한 유형'에도 해당하는데 고혈압을 앓은 적이 있다 보니 건강에 대한 불안과 걱정이 급격하게 증가하며 불면증을 초래하는 원인 중 하나로 작용하고 있었다. 나는 건강관리에 관해서는 G가 혈압 강하제로 정상 혈압으로 관리하고 있고 금연도 실천하고 있으니 지나치게 걱정할 필요는 없다고 안심시켰다.

G의 금연은 장기적으로 보면 건강관리에 좋은 선택이고, 영어회화 수업을 다시 시작한 것도 커리어에 도움이 되니 나쁘다고 할 수 없다. 그러나 '부장 승진'이라는 큰 변화를 맞이한 시기에 맞춰 곧바로 본인의 즐거움이나 귀중한 휴식 시간을 희생한 건 너무 성급했다고 생각한다. 일단 부장으로서의 업무와 새로운 부하직원과의 인간관계에 어느 정도 익숙해진 다음에 서서히 금연과 영어회화를 시작했다면 스트레스를 완화하는 데 도움이 되었을 것이다.

수면 시간이 줄고, 긴장 상태인 시간이 늘어 교감신경이 과도하게 긴장하면 혈관이 수축하는 시간이 길어져 혈압 상승에도 영향을 미치게 된다. 또 그렇지 않아도 신경이 많이 쓰이는 1대1 면담이 스트레스로 작용하면 수면의 질이 떨어지고 깊은 잠을 방해해 뇌에 중요한 휴식시간인 충분한 수면을 취할 수 없게 된다. G가 아침에 일어났을 때 몸이 무겁고, 자주 두통을 느꼈던 것도 수면 부족과 수면의 질 저하가 원인이었다.

G는 나의 조언에 따라 영어회화 수업은 쉬기로 하고, 평일에는 한 시간 일찍 퇴근했다. 그리고 좋아하는 음악을 들으며 쉬었고 수면 시간을 늘렸다고 한다. 밤잠을 설치게 했던 1대1 면담도 횟수를 대폭 줄였다고 했다.

나는 "껄끄러운 직원과의 면담을 앞두고 전날 밤에 도저히 잠이 오지 않으면, 약국에서 수면개선제를 사서 먹어보라."는 조언도 해주었는데, 그렇게 했더니 꽤 효과를 보았다고 한다. (수면개선제는 의사가 처방하는 수면제나 수면유도제와 다르며, 약국에서 살 수 있는 일반 의약품이다. 감기나 비염을 치료하는 약에 들어 있는 졸리게 하는 성분-항히스타민제-으로 만들어진다. 녹내장이나 전립선비대증 등의 지병이 있는 사람, 운전 및 기계 조작을 하는 사람 외에는 간편하게 약국에서 구매해 복용할 수 있다.)

수면개선제는 G처럼 '일반적인 불면'에는 효과가 있으나 내성이 있어 장기간 복용하면 효과가 떨어진다는 단점이 있다. G는 점차 수면이 질이 좋아졌고, 잠을 깊이 자게 되면서 차츰 피로감과 두통 증상도 개선되어 기력이 회복되었다.

"의욕이 앞서서 모든 일에 무조건 최선을 다하는 게 꼭 좋은 건 아닌 것 같아요. 잘 자고, 잘 쉬는 것도 장기적으로 보면 커리어 성장을 위해서나 건강을 위해서 중요한 요소임을 이번 일을 계기로 배웠어요."

G는 해맑게 웃으며 이렇게 소감을 전했다. G처럼 승진이나 직책의 변화, 인사이동으로 과긴장 증상이 발현된 회사원은 놀랄 정도로 많다. 인사이동으로 지방에 가게 되거나 이사와 같은 주거환경의 대대적인 변화가 생기는 것도 과긴장을 유발하는 대표적 사례이다.

조직의 구성원으로 일하면서 이런 변화를 피하기란 쉽지 않다. 그러나 내가 어찌해볼 수 없는 이런 변화가 일어났을 때는, '굳이 다른 부분에서는 변화를 주지 말 것', '심신에 부담을 주면서까지 무리하지 말 것', 이 두 가지를 꼭 명심하길 바란다.

가족의 질병이나 부상은 대표적 과긴장 상황

본인이나 가까운 가족의 질병이나 부상도 과긴장을 유발하는 대표적인 예다. 정신건강의학과에서 만난 여성 F의 사례를 살펴보자.

case 3_부모님 간병, 책임이 막중한 일에
　　　　집안일까지 더해졌을 때

53세의 베테랑 유치원 교사인 F는 유치원 주임을 맡아 젊은 선생님들을 지도하며 하루하루 보람을 느끼며 일하고 있었다. F는 시원스러우면서도 세심하고 밝은 성격으로 젊은 선생님들로부터 두터운 신뢰를 받고 있었다. F의 자녀는 벌써 독립해서 사회인이 되었고, 결혼해 살고 있다.

1월 어느 날 F는 독감에 걸렸다. 오랜만에 겪는 고열로 체력이 상당히 소진되었고 직장에 복귀해서도 가벼운 권태감을 느꼈다고 한다. 그런데 2월, 마침 유치원 졸업식 준비가 한창이던 때 80대 부모님이 독감에 걸렸다는 소식을 들었다. F의 부모님은 차로 30분 정도 떨어진 도시에 살고 계신다. 두 분 모두 고령이지만 건강하셨는데 거의 동시에 독감에 걸려 병상에 누웠다는 것이다.

F는 유치원에 출근하기 전과 퇴근 후에 본가로 가서 부모

님의 의식주를 챙겼다. F에게는 남동생이 한 명 있고 본가에서 한 정거장 근처에 살지만, 집안일도 서툴고 미덥지 않아 부모님은 F에게 항상 의지한다고 한다. 다행히 어머니는 증세가 금방 호전되었으나 90세가 다 된 아버지는 생각보다 회복 속도가 느려 병원에 갔더니 오연성 폐렴 진단을 받고 그 길로 입원했다.

F는 독감으로 체력이 약해진 어머니를 대신해 입원 수속과 입원 준비를 하고 휴일에는 본가에서 갈아입을 옷을 챙겨 병원에 가는 생활을 몇 주 동안 지속했다. 아버지가 입원하면서 어머니는 평일 밤에도 종종 F에게 전화를 걸어 걱정 섞인 말로 푸념을 늘어놓는다고 했다.

이 와중에 젊은 유치원 교사들을 이끌어 졸업식 준비도 해야 해서 F는 정신없는 하루하루를 보냈다. 낮 동안 못 한 일을 집에 가져와 마무리할 때도 있었다고 한다.

졸업식이 가까워져 오면서 G는 초조하고 불안한 증세가 심해져 남편과 다투는 일도 늘어났다. 집에 돌아와 남편이 TV를 보며 웃는 모습을 보고는 심기가 날카로워지기도 했다. "나는 이렇게 힘든데 집안일은 다 내 몫이잖아요. 좀 도와주면 덧나요?" 하며 불만을 토로하는 날이 늘었다.

집에 가져온 일을 하고 있을 때 어머니 전화가 오면 "적당히 좀 해요! 그렇게 걱정한다고 뭐가 해결돼요?"라며 전화를 던져버리고 싶은 충동에 휩싸였다. 유치원에서는 신입 교사가 실수하면 무심코 소리를 높여 화를 내서 울린 적도 있었다. 게다가 원장님으로부터 '직장 내 괴롭힘에 주의하라'는 경고를 받기도 했다. F는 충격을 받고 그날 한숨도 못 잤다고 했다.

'나는 주임 교사 자질이 없는 것 같아.'
'화를 못 참는 내가 이상한 게 아닐까?'

이런 생각들로 위축되어 상담센터를 찾기도 했다. F는 과도한 업무량과 과로로 인한 과긴장으로 정신이 불안정한 상태였다. 나는 F에게 맡은 업무나 역할을 줄여야 한다고 권했다. 유치원의 바쁜 시기와 부모님의 장기간 간병 시기가 겹치자 F는 시간에 쫓겨 지나치게 밀도 높은 생활을 이어가며 몸과 마음이 많이 피폐해졌다. 여유라곤 전혀 찾아볼 수 없었다. 체력만큼은 누구보다 자신 있었던 F였지만, 독감에 걸려 몸이 채 회복되기도 전에 몰아치듯 일이 생기고 바빠지면서 기력과 체력을 모두 소진했다.

그동안 F는 10분 만에 식사를 해치웠으며, 너무 바쁠 때는 식사를 거르기 일쑤였다고 한다. 그 시기에 갱년기 초입에 나타나는 이명 증상도 심해졌다고 한다. 나는 단기 휴직을 제안했으나 F는 '유치원의 졸업식 준비는 일손이 하나라도 빠지면 곤란해지고, 자신의 업무를 다른 사람에게 부탁하기도 어려워 당장은 힘들다.'며 강하게 거부했다. 그렇다면 남편에게 이 상황을 공유하고 집안일을 줄이라고 조언했다. 그리고 남동생에게도 아버지 간병을 돕거나 어머니를 돌봐드리는 걸 부탁하라고 제안했다.

"부모님은 제가 아니면 안 돼요."

F는 이렇게 말했지만 나도 물러설 수 없었다.

"이대로 계속 몸과 마음을 혹사하면 본인이 쓰러져요. 그러면 유치원에도 피해를 줄 거고 부모님 간병도 더 이상 못 할 거예요."

이렇게까지 말하고서야 겨우 수긍하는 듯했다. 나는 F에게 가벼운 안정제를 처방하고 불안이 심하게 올라오면 복용하도록 했다. 이후 F는 남편에게 진료 결과를 알려주었고, 집안일을 줄였다. 남동생에게도 연락해 아버지 간병과 어머니 돌보는 것을 부탁했다. 어머니에게는 F가 과로로 아프다고 설명하고 밤에는 남동생에게 전화하기로 했다고 한다. 휴일마다 본가를 찾았던 F는 드디어 휴일에 집에서 쉴 수 있게 되었고, 매일 밤 오던 어머니의 전화에서도 해방되어 이전처럼 여유롭게 남편과 식사를 즐길 수 있게 되었다.

불안감이 엄습할 땐 처방받은 안정제를 먹으면 기분이 나아져 유치원에서도 언성을 높이는 일이 없어졌다. F는 점차 과도한 불안과 심한 감정 기복을 느끼는 일도 줄었다. 그 결과 F에게 당장 시급한 과제였던 유치원 졸업식 행사도 무사히 치를 수 있었다.

F는 전형적인 '거절 못 하는 자기희생 유형'으로 부모님의 부탁을 거절하지 못하고 상대방의 기분을 우선으로 생각했다. 또 '성실한 모범생 유형' 경향도 있어 직장에서의 요구나 자신이 정한 하루의 루틴과 집안일을 어떻게든 해내야 직성이 풀렸다. 부모님에게는 '착한 효녀', 유치원 선생님들에게는 '믿음직한 상사'라 불리는 것이 F의 자랑이었고 그것이 그녀의 자존심을 채워주고 있었다. 그러나 과도한 업무와 책임을 끌어안고 있다가 과긴장 상태에 빠져 심신이 모두 소진되니 본인이 원하는 역할을 할 수 없게 된 것이다.

F의 경우 과긴장 증상이 타인에 대한 분노나 자신에 대한 책망, 위축됨, 불안감과 같은 형태로 발현되었으나 본인이 빨리 알아차려 조기에 검진을 받고 상황이 더 악화되는 것을 막을 수 있었다. F가 그때 검진을 받지 않고 그대로 무리한 생활을 지속했다면 몸과 마음에 피로가 누적되어 어지러움이나 가슴 두근거림, 정신 불안정으로 회사와 가정에서의 인간관계에 큰 문제를 일으켰을 수 있다.

본인의 한계를 넘어서는 일이나 책임을 떠안고 장시간 끙끙대다 몸과 마음에 과긴장 증상이 나타났을 때는 '이기적으로 생각해도 괜찮아.', '상대의 기분보다 내가 우선'이라 생각하고 자신을 지킬 수 있어야 한다. F의 사례처럼 부모님 병간호가 아니라도 회사에 다니는 사람이 갑자기 심한 독감에 걸린 후라든지 수술을 받고 회복할 때처럼 평소보다 체력이 쇠약할 때는 자율신경의 균형이 무너지기 쉬우므로 주의가 필요하다.

매년 겨울 유행하는 고열을 동반하는 독감이나 체중이 줄 정도로 심한 위장병을 앓고 나서 기력을 회복해야 할 시기에 일이 늘어 야근해야 하거나 출장 갈 일이 생기면 자율신경의 균형이 무너지고 과긴장 증상이 나타나기 쉽다. 또 본인이 건강하더라도 자녀나 배우자, 부모님 등 가족이 병에 걸렸을 때도 주의가 필요하다. 간병을 위해 자신의 휴식 시간을 줄여 신경 써야 할 일이 생기기 때문이다. 병원에 병문안을 가거나 간병하기 위해 체력을 소비하고 나면 집안일에 대한 부담도 늘어난다.

이처럼 비일상적인 상황이 반복되면 누구나 지금까지는 잘 해왔던 일의 리듬을 잃게 된다. 그 결과 일과 삶의 균형이 무너지고 몸과 마음의 부담은 점점 늘어나 과긴장 증상을 겪는 사람도 적지 않다. F처럼 신경이 날카로워져 정서 불안을 느끼는 사람이 있는가 하면 불면증, 우울증을 겪는 사람도 있다. 과긴장 증상은 사람에 따라 다양한 증상으로 나타난다.

당연한 이야기지만 '본인의 건강에 문제가 생겼다가 회복할 때는 절대 무리하지 않기'를 철칙으로 생각해야 한다. 또 가족이 병에 걸리거나 부상을 당해 장기간 병간호가 예상될 때는 차라리 상사에게 말하고 업무량 조정을 요청할 수 있어야 한다.

제3장

과긴장이 왔을 때 바로 적용할 수 있는 셀프 케어

 **셀프케어를 하기 전에**

이번 장은 과긴장 증상이 나타났을 때 혼자서 바로 적용해볼 수 있는 셀프케어 방법에 관한 내용이다. 현재 과긴장 증상이 없는 사람은 다음 장에 나오는 "과긴장 예방을 위한 생활습관"부터 읽어도 좋다.

제1장 과긴장 체크리스트(29~30쪽)에서 '경증 과긴장'과 '중등도 과긴장' 두 가지 카테고리로 나눠 확인해보았는데, 이 장에서는 주로 '경증 과긴장' 증상을 겪는 사람을 위한 셀프케어 방법을 중심으로 이야기해보자.

제1장에서도 말했듯 '중등도 과긴장' 증상이 발현된 경우에는 이런저런 증상들이 동시에 나타날 가능성이 크다. 그

릴 경우 일단 해당하는 진단과를 찾아 검진을 받고 적절한 치료를 받기를 권한다. 특히 '1~2주 이상 차도가 보이지 않고, 해당 증상이 지속되는 경우', '일상생활이나 업무에 상당한 지장이 발생하는 경우'에는 의료기관을 찾아 검진을 받아보길 추천한다.

그리고 치료를 받으며 이 장에 나오는 조언을 가능한 선에서 시도해보길 바란다. 치료를 시작했다면 주치의의 조언이 최우선이다. 이 장에 나오는 셀프케어는 주치의의 조언과 상충하지 않는 선에서 참고로 적용해보면 좋겠다.

만약 "중등도 과긴장 체크리스트"에 몇 가지 이상 해당하는 항목이 있더라도 증상이 있음을 자각하고 있고, 해당 증상이 며칠밖에 지속되지 않았으며 업무나 일상생활에 딱히 지장을 주지 않는 경우, 또는 '한 달에 며칠(또는 몇 회), 증상이 간혹 나타날 뿐 연속적이지 않고, 업무와 일상생활에 영향을 주지 않은 경우'에는 이 장에 나오는 셀프케어를 먼저 시도해보고, 며칠 경과를 지켜봐도 좋다. 그러나 증상이 개선되지 않을 경우 해당 의료기관을 찾아 검진을 받아보길 바란다.

# 과긴장 케어의 키워드는 '이완'

과긴장 증상을 개선하기 위한 키워드는 '이완'이다. 과긴장 증상이 나타났을 때 교감신경이 과도하게 흥분되고, 몸과 마음도 활동 모드가 이어지는, 이른바 'ON' 상태가 지속된다고 이야기했다. 여기서 살짝 과긴장 증상을 복습해보고 넘어가자.

인간은 원래 해가 뜨면 생활을 시작하고, 해가 떠 있는 낮 동안 긴장 상태를 유지하며 일과 공부, 다른 사람과의 커뮤니케이션을 한다. 이때 자율신경계의 교감신경이 활발해지며, 활동에 필요한 긴장을 유지해준다. 그리고 저녁이 되면 하루 동안의 활동을 마무리하고 부교감신경이 활발해지면서 몸과 마음의 긴장을 완화하고 서서히 이완 모드로 들어간다.

집으로 돌아와 밤이 되면 이른바 'OFF' 모드에 돌입하고 나른한 졸음이 밀려오는데 이것이 바로 인간에게 프로그램 된 자연스러운 생체 리듬이다. 이런 일련의 생체 리듬을 서커디언 리듬(생체시계 리듬)이라 부른다.

과긴장 증상이 나타났다는 건 이 생체시계 리듬이 깨져서 'OFF' 모드로 자연스럽게 전환되지 못하고 'ON' 모드가 지속되고 있다는 것이다. 그러므로 셀프케어에서는 생체시계 리듬을 'OFF' 모드로 전환하기 위한 방법을 담았다. 즉, 의식적으로 심신을 '이완 상태'로 만드는 것이다. 본래의 생체시계 리듬이 회복될 때까지 '이완' 케어를 지속하는 것이 셀프케어의 핵심이다.

그럼, 이제 여러분이 '몸과 마음의 긴장을 풀고 마음속 깊이 이완된 상태일 때'를 상상해보자. 긴장에서 해방되어 완전한 OFF 모드로 진입해 부교감신경이 활발해진 생태 말이다. 자, 여러분은 이때 어떤 장면이 떠오르는가?

여기 참고할 수 있도록 일반적으로 이완된 상태 하면 떠오르는 상황을 10개 정도 들어보겠다. 다음 페이지의 [표

3-1]을 참고해보자. 여러분이 마음속 깊이 이완되었을 때 떠오르는 모습과 가까운 예가 있는가?

실은 과긴장을 이완하는 '셀프케어'로 [표 3-1에] 나온 모든 예시가 올바른 것은 아니다. 이게 무슨 말인가 하면, 6번 이후의 항목에는 과긴장 케어를 할 때 주의가 필요한 활동을 열거했다. 특히 8번에서 10번은 과긴장 증상이 나타났을 때 아무런 준비 없이 하면 오히려 증상을 악화시킬 우려가 있는 활동들이다.
반대로 1번, 2번, 3번은 과긴장 케어에 필수적이라 할 수 있는 항목이다.
4번, 5번, 6번, 7번은 과긴장 증상과 이를 뒷받침하는 셀프케어가 병행되었을 때 효과를 볼 수 있는 항목이다.

"저는 친한 친구와 만나 술을 마시며 이야기를 나눌 때 진정으로 쉰다는 느낌을 받아요."
"저는 온천에 가거나 교외에 있는 리조트에 가서 쉬는 게 과긴장 케어에 더 도움이 되던데요?"

이렇게 생각하는 사람도 있을 텐데, 일단 이 부분에 대한 이야기는 다음 장에서 차근차근 해보자.

[표 3-1] 이완 상태의 상황 예시

해당하는 항목에 모두 체크하세요.

1	기분 좋게 침대에 누워 알람 켜지 않고 원하는 만큼 실컷 자기
2	시간에 쫓기지 않고 여유롭게 집에서 식사하며 맛을 음미하기
3	덥지도 춥지도 않은 쾌적한 상태로 소파에 누워 뒹굴뒹굴하기
4	좋아하는 영화나 드라마, 음악을 집에서 마음껏 즐기기
5	근처 공원이나 골목길을 거닐거나 여유롭게 자전거 산책하기
6	마사지나 에스테틱, 사우나에 가서 관리받기
7	조깅, 수영, PT 등 신체를 단련하는 스포츠 즐기기
8	마음 맞는 친구와 함께 식사하며 술 한잔 곁들여 음악을 배경 삼아 수다 떨기
9	평소 가보고 싶었던 콘서트나 스포츠 경기를 관람하며 시간 가는 줄 모르고 즐기기
10	여행을 떠나 온천욕을 즐기거나, 산과 바다가 보이는 호텔에서 우아하게 휴식하기

스트레스에 대처하기 위한 3R

몸과 마음을 이완하거나 스트레스로 지친 마음을 쉬게 하는 방법, 몸의 긴장을 푸는 방법은 크게 세 종류로 나눌 수 있다.
바로 '레스트(Rest-휴식)', '릴렉세이션(Relaxation-이완)', '레크리에이션(Recreation-오락)'이다. 스트레스 케어 관련 기사들을 살펴보면 '스트레스 대처를 위한 3R'이라 하는 제목의 기사를 심심찮게 볼 수 있다. 정신건강 관련 책이나 사이트에서 '스트레스 대처법 3R'로 소개될 때는
① 레스트(Rest): 휴식&휴양
② 레크리에이션(Recreation): 오락, 기분을 전환할 수 있는 취미활동
③ 릴렉세이션(Relaxation): 몸과 마음의 긴장을 완화하는

활동

순서로 소개되어 있는데 과긴장 셀프케어의 경우 ②번과 ③번의 순서가 바뀌어야 한다.

즉,

① 레스트(Rest): 휴식&휴양

② 릴렉세이션(Relaxation): 몸과 마음의 긴장을 완화하는 활동

③ 레크리에이션(Recreation): 오락, 기분을 전환할 수 있는 취미활동

이것이 과긴장 케어를 위한 올바른 순서이다.

일단 하나씩 살펴보자.

① 레스트(Rest)

몸과 마음의 피로 해소와 건강 유지에 직결되는 것이 바로 휴식&휴양이다.

'안전하고 쾌적한 방에서 충분히 몸과 마음 휴식하기.'
'시간에 쫓기지 않고 영양가 있는 식사 충분히 하기.'
'밤에 충분히 깊은 수면 취하기.'

이는 인간의 건강을 지키기 위해 빼놓을 수 없는 가장 기본적인 행위이다. 우리의 몸과 신경, 호르몬, 뇌에 쌓인 피

로를 해소해 에너지를 보충하고, 정상적으로 몸과 마음의 기능을 회복하기 위해 필수 불가결한 행위가 바로 휴식(Rest)이다. 과긴장 상태가 되면 교감신경이 과도하게 흥분하고, 몸과 마음의 에너지가 바닥나기 시작한다. 따라서 일단 충분히 휴식을 취하고 몸과 마음의 에너지를 회복해야 한다.

② 릴렉세이션(Relaxation)
주로 호흡을 안정시키고 근육의 긴장을 풀어주는 등의 정신의 안정을 도모하는 행위가 이완(Relaxation)이다.

• 기분 좋게 샤워하며 몸의 긴장 풀기.
• 스트레칭이나 요가, 명상으로 근육의 긴장을 풀어주고 호흡을 정돈하기
• 아로마 향초를 태우거나 음악을 들으며 편안한 기분을 느껴보고, 재미있는 영화나 좋아하는 프로그램을 보며 마음의 긴장을 풀기
• 산책이나 조깅, 사이클 등 가볍게 할 수 있는 유산소운동으로 전신을 기분 좋게 움직이기
• 집 근처 마사지 숍이나 피부과에서 시술 받기

이완은 휴식(Rest)에 비해 조금은 에너지를 소비하는 행위

에 가까운데 평소 익숙한 환경에서 편하게 몸과 마음의 긴장을 풀 수 있는 효과가 있다.

휴식을 충분히 취하면 상승효과로 과긴장이 완화된다. 단, 이완 활동을 할 때는 '집이나 집 근처', '익숙한 장소나 방법'이 포인트이다. 가령 산책이나 러닝을 위해 교외로 멀리 나가거나 마사지를 받으러 낯선 동네까지 가는 건 새로운 긴장을 더해 이완보다는 에너지 소비를 더 많이 하게 된다.

③ 레크리에이션(Recreation)
취미나 오락, 좋아하는 스포츠, 게임 등 일 외적으로 좋아하는 일을 하는 데 시간을 보내는 것이 여기에 해당한다.

친구와 술 한잔하며 이야기를 나누거나 좋아하는 전시회 보러 가기, 콘서트 가기, 여행하기, 스포츠 경기 관람하기, 골프나 축구 등 좋아하는 운동하기, 게임에 몰두하거나 정원 가꾸기, 오토바이 꾸미기, 악기 연습, 영어 회화 등 취미 활동을 즐기는 행위가 바로 레크리에이션에 해당한다.

이런 행동은 앞서 말한 이완 활동에 비해 에너지가 더욱 많이 소모된다. 따라서 충분히 휴식을 취하고 이완으로 심신의 긴장을 풀어준 후에 해야만 하는 것이다.
젊고 체력이 좋은 사람일수록 스트레스로 과긴장 증상이 나타났을 때 "지금이 바로 스트레스를 해소할 적기다!"라며 레크리에이션으로 기분 전환을 시도하지만, 에너지가 고갈된 시점에 하기에는 무리가 있다.

좋아하는 일에 몰두하거나 머리 아픈 일을 잊어버릴 정도로 즐거운 체험을 하는 건 분명 마음의 피로나 스트레스 해소에 도움이 되겠지만 휴식을 충분히 취하지 않은 상태에서 에너지를 소비하면 오히려 증상이 악화되기도 한다.

지금까지 여러분의 셀프케어는 '휴식(Rest)'→'이완(Relaxation)'→'레크리에이션(Recreation)' 순서로 진행되었는지 한번 돌아보자.

거듭 말하지만 일련의 과긴장 증상을 자각했을 때 가장 먼저 해야 할 일은 균형이 깨진 자율신경의 피로를 해소하기 위해 충분히 휴식을 취하는 것이다. 과긴장 증상이 나타났다는 건 우리의 몸과 마음이 스트레스를 받아 "이대론 안 돼! 뭔가 대책이 필요해!"라고 SOS 신호를 보내고 있음을 의미한다. 차로 말하면 '연료 부족 경고등'이 켜진 상태라 할 수 있다.

특히 레크리에이션으로 분류되는 항목은 외출하기 위한 체력이 필요하고 사람들과 만나 이야기하고 취미 활동을 하기 위한 기력도 필요하다. 그러므로 반드시 충분한 휴식과 이완이 먼저 진행되어야 한다. 중요한 포인트이므로 다시 한번 정리해 보자.

첫째, 과긴장 증상이 나타났을 땐 몸과 마음의 에너지가 고갈되었음을 의미하므로 일단 휴식으로 충분히 에너지를 보충해야 한다.

둘째, 에너지가 부족한 상태에서는 이완이나 레크리에이션을 해도 효과가 없을뿐더러 에너지 소모만 더욱 심해져 상태가 악화될 수 있다.

이 기본 철칙을 머릿속에 잘 기억해두길 바란다.
그럼 다음 장에서는 휴식, 이완, 레크리에이션 순으로 구체적인 실천 방법을 알아보자.

Rest 1
무조건 수면 시간 확보하기

뇌의 피로는 잠으로 푼다

과긴장 증상을 자각했다면 일단 충분히 잠을 자자. 몸과 마음이 가장 긴장된 상태에서 가장 좋은 휴식은 뭐니 뭐니 해도 잠이 최고다. 잠이 부족하면 근본적인 피로 해소나 에너지 보충을 할 수 없다. 체력과 기력, 집중력, 긍정적이고 밝은 에너지도 양질의 수면이 전제될 때 비로소 가능해진다(수면의 구체적인 효과와 기능에 관해서는 다음 장에서 자세히 살펴본다).

특히 뇌는 잠을 자지 않으면 피로를 해소할 수 없다. 자율신경중추는 뇌 속에 자리 잡고 있는데, 과긴장 상태일 때는 자율신경의 균형이 무너져 있다. 충분한 수면으로 뇌에 휴식을 주면 자율신경의 균형이 회복된다. 반대로 충분히 잠을 자지 못한 상태에서는 아무리 몸과 마음에 좋다는 활동이나 치료를 한들 효과가 있을 수 없다.

그렇다면 충분한 수면은 어느 정도를 말하는 걸까? 과긴장 증상이 나타났을 때, 기본적으로는 "몸이 원하는 만큼" 잠을 자야 한다. 쉬는 날에는 가능한 알람을 꺼두고 푹 자자. 참고로 나는 과긴장의 기미가 보이면 휴일 오전에는 되도록 일정을 잡지 않는다.

"내일 아침에는 시간에 구애받지 않고 마음껏 자야지."

이런 마음가짐만으로도 몸과 마음의 긴장이 완화되고 밤에 잠자리에 들 때 이완도가 급격히 상승한다.

단, 해가 중천에 뜰 때까지 자면 수면 사이클이 무너져 밤낮이 바뀌어 자율신경 리듬이 깨질 수 있으므로 휴일 전날에는 되도록 일찍 잠자리에 들고, 다음 날 오전 10시 정도에는 기상을 하도록 해보자.

인간의 신체에는 수면의 리듬을 관장하는 체내시계가 존재한다. 이 체내시계를 가능한 한 망가뜨리지 않고 제대로

[그림 3-2] 이상적인 수면 패턴 예시

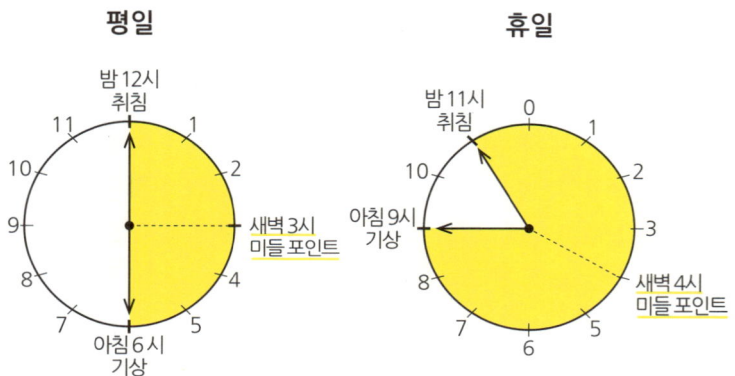

잠을 자는 요령은 수면 시간의 미들 포인트(취침 시각과 기상 시각의 정중앙 시간)가 2시간 이상 차이가 벌어지지 않도록 하는 것이다.

예를 들어, 평일에는 자정에 잠들고 다음 날 오전 6시에 일어나는 사람의 미들 포인트는 새벽 3시이다. 휴일 잠자리에 드는 시각을 밤 11시로 당기고 다음 날 오전 9시에 일어난다면 미들 포인트는 새벽 4시, 즉 1시간 차이만 벌어지므로 체내시계를 망가뜨리지 않으면서 평소보다 4시간이나 더 많이 잘 수 있다. 가벼운 과긴장 증상일 경우 토요일과 일요일에 푹 자는 것만으로도 증상이 상당히 호전된다.

일을 하는 평일에도 최소한 6시간 이상 수면을 권장한다. 퇴근 후에는 가능하면 집안일은 제쳐두고, 인터넷이나 TV를 보며 빈둥빈둥하는 대신 일단 10분이든 20분이든 더 많은 수면 시간을 확보해보길 바란다. 과긴장을 해소하기 위한 수면은 쪽잠이 아니라 연속으로 자는 통잠이 핵심이다.

수면에는 사이클이 존재한다. 꿈을 꾸는 '렘수면(REM)'과 대뇌에 휴식을 주는 '비렘수면(Non-REM)'이 약 90분 주기로 반복되고 이 한 세트를 몇 번 반복하며 수면 중에 몸과 마음의 피로를 해소한다. 6시간 연속으로 잠을 잘 경우 이 세트를 4번 반복하게 된다.

심신이 건강하고 에너지가 충분할 때는 약간의 수면 부족은 기초 체력과 기력으로 보완할 수 있으나 과긴장 증상이 나타났을 때는 이 사이클을 4번 반복해서 확실히 피로를 풀어줄 필요가 있다.

참고로 극히 드물게 '숏 슬리퍼(Short Sleeper)'라는 하루

4~5시간만 자도 하루 종일 기력이 떨어지지 않고 수면이 부족하지 않은 사람이 전체 인구의 4퍼센트 정도 존재한다. 대부분은 소아기, 청소년기부터 수면 시간이 짧았고, 타고난 체질인 경우가 많다. 숏 슬리퍼는 설령 휴일이라도 5시간 이내에 잠에서 깬다. 그래도 하루 종일 피로나 기력이 전혀 떨어지지 않는다.

내가 장시간 근무하는 노동자와 상담할 때 수면 부족을 지적하면 "저는 숏 슬리퍼라 괜찮아요."라는 사람을 간혹 보기도 하는데 그중 대부분은 휴일에는 6시간 이상 잠을 자므로 무늬만 숏 슬리퍼이다. 이런 사람은 평일에는 5시간 이하로 자면서 활동을 하지만 대부분 하루 종일 나른한 상태이거나 졸음에 시달린다. 평일에 부족했던 잠을 휴일에 보충하면서 아슬아슬하게 수면의 부족한 양을 보충하는 것일 뿐이다.

나는 지금껏 극히 소수의 진짜 숏 슬리퍼를 본 적 있으나 만약 여러분이 진정한 숏 슬리퍼라면 '자신에게 맞는 피로 해소를 위한 최상의 수면 시간'을 과긴장 회복을 위한 기준점으로 설정해보길 바란다.

과긴장으로 잠들지 못할 때는 어떻게 할까?

"잠이 중요하다는 건 알겠는데, 도저히 잠이 안 와요."
"업무 내용이 머릿속에 맴돌아 밤새 뒤척여요."
"겨우 잠들어도 얕은 잠만 자서 자다가 몇 번이고 깨요."

이런 생각들로 불안할지도 모른다. 그 기분 잘 안다. 나 또한 과긴장이 왔을 때 수면부터 직격탄을 맞는 타입이기 때문이다. 걱정거리나 불안한 일이 있으면 눈이 말똥말똥해져서 잠이 오지도 않고, 겨우 잠들어도 자다 깨다 얕은 잠만 반복하던 날들이 있었다.

만약 여러분이 이처럼 과긴장 상태로 불면증 증상이 나타난다면 일단 시도해봤으면 하는 것을 하루 순서대로 적어보았다. 이는 나 또한 실천하고 있는 수칙이다.

1. 카페인 음료는 하루 두 잔까지만, 오후에는 섭취 줄이기

커피는 물론 홍차, 코코아, 녹차, 호지차, 우롱차에도 카페인이 들어 있다. 에너지 드링크나 영양 보조 음료에도 카페인이 포함된 경우가 다소 있다.

카페인은 체내에 들어오면 약 4~6시간 동안 각성 상태를 유지해준다(체질이나 컨디션에 따라 8시간 이상 지속되는 경우도 있다는 연구 결과도 있다). 카페인 음료를 마시고 설령 잠이 들었다 하더라도 쉽게 깨는 얕은 수면에 빠진다.

따라서 컨디션이 좋을 때도 카페인 음료는 오후 5시 이후에는 삼가는 편이 수면의 질 측면에서 좋다. 과긴장 증상이 있을 때는 그렇지 않아도 교감신경이 활성화되어 각성도가 높아져 불안함과 초조함이 밀려든다. 카페인 음료는 되도록 삼가는 편이 좋지만, 어쩔 수 없이 마셔야 한다면 아침 식사 후나 점심 식사 후 졸음을 쫓는 용도로 하루에 한두 잔 정도로 줄이고 오후에는 되도록 마시지 않는 게 좋다.

2. 매일 적당히 몸을 움직이는 시간 확보하기

밤에 자연스럽게 졸음이 오게 하려면 하루 동안 몸을 움직여서 얻을 수 있는 적당한 피로감이 필요하다. 정신적으로는 피곤한데 몸을 움직이지 않아 육체적으로는 지치지 않은 상태라면, 몸과 정신 사이에 피로도 불균형이 커진다. 이런 경우에도 수면의 질은 떨어진다.

만약 지하철이나 버스로 출퇴근한다면 평일에 따로 시간을 내서 운동할 필요는 없다. 출퇴근할 때 자연스럽게 걷기 운동을 매일 하며 적절한 피로를 얻을 수 있다.

그러나 재택근무나 자차로 출퇴근할 때는 하루 중 밖을 걸을 기회가 거의 없다. 이 경우 일부러 몸을 움직여서 육체적으로 어느 정도 피로감을 줄 필요가 있다. 가능하면 20분 정도 걷기 운동을 하거나 실내에서 가볍게 땀을 흘릴 정도의 스트레칭으로 뇌의 피로와 몸의 피로의 균형을 맞춰보길 바란다. 사무실이나 건물 계단을 오르락내리락하는 것만으로도 적당한 운동 효과를 얻을 수 있다.

3. 탄수화물이 포함된 음식으로 잠들기 세 시간 전까지 식사 끝내기

저녁 식사 후에 혈당이 적당히 오르면 졸음이 찾아온다. 과긴장 증상이 있을 때는 몸과 마음이 지쳐 있기 때문에 되도록 영양의 균형이 잡힌 식사를 충분히 섭취하자(구체적인 식사에 관해서는 다음 장에서 자세히 이야기하겠다).

육류와 생선과 같은 단백질과 채소 등의 비타민과 미네랄에 밥과 빵, 면 등의 탄수화물이 적절히 포함된 식단을 구성해서 먹으면 좋다.

당질 제한식 다이어트를 실천하는 사람은 과긴장 증상이 있을 때 일단 멈추어야 한다. 식사는 잠자리에 들기 3시간 전까지 끝내는 것이 이상적이다. 자기 직전에 음식을 섭취하면 위장의 움직임이 활발해져 수면을 방해한다. 적어도 2시간 전까지는 식사를 마쳐야 한다.

4. 잠들기 전 운동이나 SNS, 게임은 피하고 최대한 이완하며 보내기

밤에는 최대한 조용하고 편안하게, 자극은 최대한 줄이고 이완된 상태로 보내려고 노력해야 한다. 소파에 몸을 기대어 조용한 음악을 들으며 여유롭게 보내보길 바란다. 밤에 격한 운동을 하거나 SNS로 다른 사람의 계정을 구경하거나 게임을 하면 교감신경에 더 자극을 줘서 과긴장 증상이 악화된다.

5. 샤워는 잠들기 한 시간 전에 가볍게 하기

졸음은 체내의 체온이 올라갔다 다시 내려갈 때 찾아온다. 샤워하며 체내 온도를 올리면 혈액순환이 좋아져 근육의 긴장이 풀어지고 깊은 수면을 도와주므로 과긴장 증상이 있을 때 샤워를 추천한다. 다만 이때 체내 온도가 내려갈 시간이 필요하므로 취침 시각을 고려해 샤워 시간을 조정하는 게 중요하다. 자기 직전에 뜨거운 물에 몸을 푹 담그면 잠이 달아날 뿐 아니라 여름에는 특히나 체내 온도가 잘 떨어지지 않아 잘 시간이 되어도 좀처럼 잠을 이루기 힘들어진다.

6. 조명의 조도를 낮추고
   스마트폰이나 IT 기기와 멀어지기

스마트폰이나 컴퓨터에서는 태양광선과 비슷한 파장의 블루라이트가 나오기 때문에 뇌가 낮으로 착각해 자연스러운 수면을 방해한다. 과긴장 증상이 있을 때일수록 밤에 스마트폰이나 컴퓨터 등 IT 기기를 되도록 멀리해보자. 특히 자기 1~2시간 전부터는 IT 기기에서 멀어져보라.

마찬가지로 형광등도 블루라이트와 비슷한 파장을 방출하므로 침실 조명으로는 적합하지 않다. 가급적 간접 조명을 사용하고 호텔처럼 조도가 낮은 조명을 사용하면 수면에 도움이 된다.

7. 진정 효과가 있는 아로마 오일, 허브티 활용하기

좋은 아로마 오일은 후각 신경을 통해 뇌에 자극을 준다는 사실이 연구로 증명되었다. 진정 작용이 있는 아로마 오일 중 라벤더, 캐모마일, 스위트오렌지 등을 활용해보자. 만약 아로마 오일이 함유된 디퓨저가 없다면, 티슈에 한두 방울 정도 떨어뜨려 머리맡에 두어도 같은 효과를 얻을 수 있다.

또 캐모마일차, 패션프루트 등 논 카페인 허브티에도 불안감과 초조함을 진정시켜 수면을 촉진하는 효과가 있다고 한다. 아로마 오일이나 허브티로 수면제처럼 극적인 효과를 기대할 수는 없겠지만 좋은 향과 맛을 꼭 활용해보길 바란다.

8. 머리맡에 스마트폰 두지 않기

혹시 머리맡에 알람 대용으로 스마트폰을 두고 있지 않은가? 그렇다면 당장 다른 방법으로 바꾸길 권한다. 알람 대용으로 스마트폰을 사용하는 사람은 베개에서 멀리 떨어트려 놓거나 아니면 아날로그 알람시계로 바꾸는 것이 좋다. 스마트폰에서 나오는 블루라이트뿐 아니라 착신 진동음은 수면을 방해하는 요소이다.

스마트폰은 업무나 하루 중 ON 타임에 사용하는 아이템이다. 이제 막 잠에 들려는 궁극의 OFF 타임에 ON 타임을 연상시키거나 각종 정보가 압축된 스마트폰을 보는 것만으로도 긴장이 증폭된다. 설령 블루라이트를 차단했다고 하더라도 오늘 하루 동안 있었던 일이나 감정이 떠오르면서 수면을 방해하게 된다.

따라서 과긴장 증상이 있을 때는 특히 침실이나 침대 머리맡에 하루 동안의 기억을 상기시키지 않도록 스마트폰뿐 아니라 업무 관련 책이나 서류는 두지 않도록 주의하자.

9. 침대에 누워 "감사한 사람 혹은 감사한 일" 떠올리기
"내일이 걱정돼서 잠이 안 와요."
"오늘 스트레스 받았던 일이 자꾸 생각나요."
이처럼 머릿속을 헤집는 생각으로 잠들기 어려웠던 경험 있을 것이다. 이럴 때는 의식적으로 스트레스 요인이 되는 생각에서 빠져나오려 노력해야 한다.

미국의 심리학자로 '긍정 심리학'을 주장한 마틴 셀리그먼(Martin Seligman)은 잠들기 전에 "세 가지 좋은 일"을 이유와 함께 노트에 적어보라고 추천한다. 예를 들어, "점심으로 먹었던 정식이 생각보다 맛있었다.", "오랜만에 친구한테 연락이 와서 기뻤다." 등 사소한 일이라도 상관없다. 셀리그먼 교수는 연구를 통해 이 행위를 일주일 동안 지속하자 이후 6개월간 우울증 환자의 행복도가 올라갔고, 우울감이 개선되었다고 주장했다.

그러나 과긴장 증상으로 심신이 지쳤을 때 매일 밤 종이에 뭔가를 쓰는 건 상당히 어려운 일이다. 또 부정적 감정 상태일 때 "좋았던 일"을 떠올리기는 힘들 수도 있다. 그래서 내가 실천하는 방법은 자기 전에 "지금까지의 인생에서 감사한 사람 떠올리기"이다. "지금까지 살아오면서 고마웠던 사람이나 신세를 졌던 사람의 얼굴을 떠올리며 마음속으로 감사의 마음 전하기"는 아무리 부정적인 상태라 할지라도 가능하다.

예를 들어 어릴 때 자신을 예뻐해주신 할머니 할아버지의 얼굴을 떠올리고 마음속으로 "할머니, 할아버지 감사해요."라고 말하거나, 학창시절에 용기를 줬던 은사님의 얼굴을 떠올리며 "그때 정말 감사했어요."라며 마음속으로 감사의 말을 전해도 된다. 어릴 때부터 지금까지 살아온 인생을 천천히 떠올려보며 감사한 사람의 얼굴을 떠올리면 자연스럽게 생각이 현재의 '걱정거리'에서 멀어지며 안락한 잠의 세계로 빠져들 수 있다.

10. 자면서 할 수 있는 마음 챙김 명상하기

명상이라고 하면 보통 자리에 앉아서 가부좌를 하고 눈을 감고 있는 모습이 떠오를지 모르지만, 사실 명상은 침대에 누워서도 할 수 있다.

조용히 침대에 누워 눈을 감고 최대한 깊이 호흡한다.
의식도 호흡과 함께 점점 깊어진다. 숨을 들이마실 때는 코를 통해 폐까지 깊숙이 닿도록 들이마신다. 그리고 공기를 다시 폐에서 내보내 코 안쪽에서 비강을 통해 내뱉는 감각을 천천히 따라가며 느끼는 것이다.

마음 챙김 명상은 그저 이 과정을 반복하는 것이다. 호흡하는 감각에 의식을 집중하려 해도 처음에는 '걱정거리'가 머릿속에 맴돌거나 이런저런 생각으로 머리가 복잡할지 모른다. '걱정거리를 또 생각하는구나.', '기분 나빴던 일을 떠올리는구나.'라는 사실을 자각하면 다시 조용히 호흡하는 감각에 의식을 집중한다. 잡생각이 떠오르면 다시 호흡에 의식을 집중하는 연습을 반복한다.

마음 챙김 명상에는 마음을 '지금, 현재'로 되돌려 마음을 차분하게 하는 효과가 있다. 평소 잠자리에 들 때 연습하면 과긴장이 왔을 때 유용하게 활용할 수 있을 것이다.

온갖 방법을 써도 안 될 때는
의학의 힘을 빌리자

여기까지 소개한 방법으로도 도저히 잠을 이루지 못할 때는 수면을 보조해주는 약을 활용해도 좋다.

'뒤척이느라 잠들기까지 1시간 이상 걸린다.'
'자는 동안 중간에 몇 번이나 깬다.'
'꿈속에서 업무에 쫓겨 잠을 자도 피곤하다.'
'아침 일찍 눈이 떠져 다시 잠들지 못한다.'

위와 같은 증상이 일주일에 3일 이상, 2주 이상 지속된다면 이미 불면증이 시작됐다는 신호이다. 이때는 스스로 해결하기 힘든 경우가 많고, 수면 부족이 지속될수록 뇌에 피로가 축적되어 집중력과 사고력 저하로 업무 능력이 떨어지게 된다. 자연스럽게 실수가 늘고 불안감과 초조함이 심해져 감정을 제어하기 힘들어 인간관계에서 트러블을 유발하기도 쉽다. 엎친 데 덮친다고 '걱정거리'가 더 많아져 잠들지 못하는 날이 늘어나는 악순환에 빠진다. 이런 악순환에 빠지지 않기 위해서라도 초기에 수면을 보조하는 약물을 사용해 수면의 질을 개선는 것이 좋다.

"수면제는 부작용이 무서워서 꺼려져요."

이런 걱정으로 수면제에 거부감을 갖는 사람을 종종 보는데 오랫동안 축적된 의학적 지식으로 개발된 약물의 은혜를 거부하는 모습에 상당히 안타까운 마음이 든다.

가장 추천하는 방법은 정신건강의학과를 찾아 수면유도제나 수면제를 처방받는 것이다. '수면제의 부작용과 중독'에 관한 언론 보도를 통해 부정적인 이미지를 가진 사람도 있겠지만 의사의 복용 지도 아래 잠깐 사용한다면 부작용이나 중독될 가능성은 낮다.

반대로 과긴장으로 불면증이 생겼을 때 약물을 사용해 초기에 잡지 않으면 수면 부족이 축적되면서 본격적으로 뇌에 피로가 쌓여 단기간에 치료가 되지 않을 수 있다. 이와 함께 수면 부족으로 집중력이 떨어져 실수나 트러블을 유발하며 추가적인 스트레스를 만들어 과긴장 증상이 악화되는 '불면증 악순환의 고리'에 빠질 가능성이 높다.

나는 과긴장으로 불면증이 시작되면 바로 약을 먹어 뇌의 피로를 줄인다. 가능하면 초기에 과긴장으로 인한 불면증을 개선한다는 마음을 가지고 있기 때문에 일주일에 간헐적으로 약을 먹는 것만으로도 즉각 증상이 개선된다. 지금까지 몇 개월간 수면제를 연속 복용한 적도 없어 당연히 중독 증상도 겪지 않았다.

앞서 소개한 셀프케어로도 증상이 개선되지 않는다면 되도록 빨리 전문의를 찾아 진료를 받길 바란다. 참고할 수 있도록 과긴장 증상에 주로 처방되는 수면제에 관해 적어 두었다. 초진 시 불면증 환자에게 주로 처방하는 약물은 아래처럼 수면의 질만 올려 아침에는 약기운이 남지 않는 수면유도제, 혹은 중독성이 없는 새로운 유형의 수면제다.

초단시간 타임 수면유도제(반감기 2~4시간 정도)
- 졸피뎀(상품명: 마이스리 등)
- 조피클론(상품명: 이모반 등)
- 에스조피클론(상품명: 루네스타 등)

이 약들은 비(非) 벤조다이아제핀 계열 수면유도제로, 복용 후 뇌 내에 벤조다이아제핀이란 수용체 일부에 약물이 침투해 뇌를 이완하는 GABA라는 물질의 작용을 활성화해 최면 및 항불안 작용을 한다. 기존의 벤조다이아제핀 계열 수면제보다 중독성이나 어지러움 등의 부작용이 거의 없다고 알려져 있다(단, 체질에 따라 졸음이나 어지러움, 두통, 악몽 등을 겪는 경우도 있다. 고령자의 경우 일시적인 인지기능 저하가 발생할 수 있다. 또 장기간 지속적으로 복용하면 중독될 가능성도 있으므로 전문의와 상담 후 복용하기를 권장한다). 아래에 소개하는 '중독성이 없는 새로운 유형의 수면제'보다 효과 측면에서 개인차가 적으며 눈에 띄게 수면 장애를 개선해주고, 아침에도 약기운이 남지 않아 과긴장에 의한 불면증에 주로 처방한다. 나는 과긴장으로 수면의 질이 떨어지면 이런 약을 주로 복용한다.

중독성 없는 새로운 유형의 수면제

- 라멜테온(Ramelteon) (상품명: 로제렘)
- 수보렉산트(Suvorexant) (상품명: 벨솜라)
- 렘보렉산트(Lemborexant) (상품명: 데이비고)

라멜테온은 멜라토닌 수용체 아고니스트로 분류되는 약제이다. 졸음을 유발하고 체내 생체시계 리듬을 형성하는 멜라토닌의 작용을 강화하는 기능을 한다. 벨솜라나 데이비고는 오렉신 수용체에 길항작용을 하는 약제이다. 각성 작용을 하는 오렉신이란 물질의 작용을 막고 수면으로 유도하는 약이다. 모두 원래 우리 몸에 존재하는 생리적 물질로 작용하기 때문에 중독성이 극히 적다고 알려져 있다(수면제의 중독성을 우려하는 환자에게 이러한 유형의 수면제를 초기에 처방하는 경우가 최근 늘고 있다). 하지만 개인의 체질에 따라 효과나 부작용(낮 시간의 졸음 및 나른함, 어지러움, 두통, 수면 시 악몽 등)에 개인차가 크다는 특징이 있다.

이들 수면유도제나 새로운 유형의 수면제를 복용해도 아침 일찍 눈이 떠지는 조조(早朝)각성이나 밤에 몇 번이나 잠에서 깨는 중도(中途)각성 등 불면 증상이 개선되지 않을 경우 지속 효과가 좋은 벤조다이아제핀 계열 수면제를 처방하는 경우도 있다.

벤조다이아제핀 계열 수면제는 장기간 지속적으로 복용하면 중독 가능성이 있고, 고령자의 경우 어지러움 등이 발생할 우려가 있으나 다른 수면제에는 없는 불안 개선 효과와 근육을 이완해 어깨 결림이나 두통을 개선하는 효과도 있다. 전문의와 상담 후 단기간 복용하면 크게 문제는 없다.

또, 전문의가 불면 증상뿐 아니라 우울증이 심하다고 판단할 경우 항우울제이면서 수면 효과가 있는 약(미르타자핀 Mirtazapine 등)을 처방하는 경우도 있다.

당장 병원에 갈 수 없다면 가까운 약국 찾기

요즘은 대부분 병원이 예약제로 운영되기 때문에, 예약 날짜까지 많이 기다려야 할 수도 있다. 혹은 과긴장으로 불면증이 생겼는데, 매일은 아니어서 당장 병원에 가기보다 상황을 좀 지켜보고 싶을 수도 있다. 이럴 경우 긴급 처방으로 약국에 가서 상담을 받을 수도 있다. 약국에서 구매 가능한 수면에 도움을 주는 제품으로는 수면개선제나 한약을 들 수 있다. 자세히 한번 살펴보자.

수면개선제

수면개선제는 의사가 처방하는 수면제나 수면유도제가 아닌 약국에서 시판되는 일반 의약품이다(상품명 '도리엘' '네오데이' '리포스민' '하이야스민' 등). 감기약이나 비염 약에 포함된 졸음 유발 성분(항히스타민제)으로 만든 약이다. 녹내장이나 전립선비대증 등의 지병이 있는 사람이나 차량 운전자 및 기계 조작자, 임산부나 수유 중인 경우를 제외하고 간편하게 약국에서 구입해 복용할 수 있다.

하지만 수면개선제는 '일시적 불면'에는 효과가 있으나 내성이 있어 효과가 떨어진다는 단점이 있다. 수면개선제를 복용했는데도 과긴장 증상이 바로 개선되지 않고 불면 증상이 지속되는 경우, 반드시 전문의를 찾아 상담을 받아야 한다.

수면을 도와주는 한약

약국에서는 크라시에(Kracie)나 츠무라(Tsumura)를 비롯해 다양한 제약회사에서 판매하는 한약을 구입할 수 있다. 한약은 처방 약이나 양약처럼 즉각적인 효과는 덜하지만, 체질에 맞는 약을 찾아 기대 이상의 효과를 보는 경우도 있다. 단, 효과가 나타날 때까지 보통은 한 달 정도 걸린다.

나는 한약에 대한 전문 지식이 있는 건 아니지만 수면에 효과가 있다고 알려진 대표적인 한약을 두 종류 정도 소개해보고자 한다. 이 밖에도 불면 해소에 효과가 있다는 한약도 있으므로 자세한 내용은 한의사나 한약 전문 약국에서 상담 후에 본인의 체질에 맞는 약재를 복용하기를 추천한다.

• 억간산(抑肝散)

체력이 어느 정도 있고, 신경이 날카로워 쉽게 흥분하거나 화를 내는 사람에게 적절한 약이다. 각성 상태로 잠이 오지 않을 때 잠드는 것을 도와주는 효과가 있다.
가루약과 알약 외에 '알로파놀(AROPANOL)' 제약에서는 드링크제로도 판매하고 있다.

• 가미소요산(加味逍遙散)

체력이 어느 정도 있고, 흥분감, 어깨 결림, 피로, 초조함, 정신 불안, 변비 등의 증상이 있는 사람에게 효과가 있는 한약이다. 초조함과 불안함을 억제하여 PMS(월경 전 증후군)나 갱년기 장애로 인한 정신 증산을 개선하는 효과가 있어 부인과에서도 종종 처방한다.
수면의 경우 중도각성, 조조각성, 수면장애에 효과가 있는 것으로 알려져 있다.

Rest 2
영양가 있는 식단으로 식사 시간을 충분히 확보하기

식사는 다양한 활동의 에너지원

과긴장 증상이 나타났을 때 수면만큼 중요한 요소가 바로 식사이다. 식사는 신체의 다양한 활동을 위한 에너지원이다. 나아가 피부, 근육, 혈액, 뼈, 뇌를 비롯한 신경에 이르기까지 신체의 모든 구조물을 형성하고, 유지 보수하는 기능을 위한 연료이기도 하다.

또한 식사는 마음의 안정과 기력 및 집중력에도 깊이 관여한다. 정신 상태를 건강하게 유지하고, 기력 및 집중력을 담당하는 뇌 내 물질(세로토닌, 도파민, 노르아드레날린 등)의 원료 또한 우리가 매일 먹는 식사를 통해 생성된다. 아무리 성능 좋은 차라도 연료인 휘발유와 전기 등의 에너지가 없으면 무용지물이다. 인간의 몸도 마찬가지로 식사라는 에너지가 지속적으로 공급될 때 비로소 육체도 정신도 안정적으로 활동을 유지할 수 있다.

과긴장 상태일 때는 ON 타임을 관장하는 교감신경이 과도하게 활발해져 몸과 마음의 에너지 소비가 커진다. 반면 위장의 활동을 관장하는 부교감신경의 활동이 억제되어 위장의 움직임을 교란하기 때문에 "입맛이 없네.", "밥 생각도 안 나."라며 식욕 저하를 불러온다. 그렇기에 더욱 양질의 식사를 섭취하고 몸과 마음에 에너지를 채워야 한다.

식사 시간은 사람에 따라 하루 중 가장 중요한 이완과 즐거움을 주는 시간 중 하나이기도 하다. 소중한 가족이나 연인과 함께 즐거운 이야기를 나누며 즐기는 식사 시간은 우리의 마음에 안정감과 안락함을 가져다준다.

혼자 식사를 하더라도 마음 편히 이완할 수 있는 환경에서 좋아하는 음식을 시간에 쫓기지 않으며 본인의 페이스에 맞춰 즐기는 시간은 최고의 행복이다. 과긴장 증상이 나타나면 앞서 살펴본 수면과 함께 양질의 식사 시간을 가능한 한 확보해보도록 하자.

과긴장이 왔을 때 무엇을 먹어야 할까?

과긴장이 오면 교감신경의 활동이 장시간 유지되고 부교감신경의 작용이 약해진다. 위장을 움직여 소화 흡수를 관장하는 건 부교감신경이므로 과긴장이 오면 위장의 작용이 불안정해지고 위장 장애, 변비 및 설사를 유발한다.

따라서 되도록 기름 범벅 튀김이나 중국요리 등 기름진 음식은 피하고 가급적 담백하고 신선한 재료를 데치고, 삶고, 무치는 방식의 요리를 먹는 것이 좋다. 기름을 쓰더라도 소량만 사용한 음식을 권한다. 단, 담백한 음식이라고는 하나 영양의 균형을 맞춰 식사를 구성해야 한다.

과긴장이 오면 피로 회복을 돕고 전신 활동의 유지 보수를 담당하는 '단백질'과 '비타민 및 미네랄' 섭취가 필수적이다. 또, 혈당을 올려 즉각적으로 에너지를 생성해 기력과 체력을 끌어올리는 '탄수화물(당질)'도 과하지 않게 섭취해야 한다. 혈당이 올라가면 밤에 자연스럽게 졸음이 오기 때문에 다이어트 중인 사람도 과긴장 증상이 나타났을 때는 다이어트를 잠시 멈추고 적당한 탄수화물을 섭취하는 것이 좋다. 구체적으로는 다음에 나오는 세 가지 영양소를 조합해 식사를 구성해보자.

영양소 1. 단백질

달걀, 육류, 어류, 대두로 구성하여 매 식사에 메인 요리로 1~2가지 섭취하기.

요리 하나당 기준은 달걀 1~2개, 육류 60~80g, 어류의 경우 큰 도막 한 개, 두부 반 모 이상, 대두 큰 걸로 한 팩.

이런 음식들을 하루 3~4가지 이상으로 구성해보자. 콩(대두)만 먹으면 아미노산에 치우쳐져 피로 해소가 더딜 수 있다.

영양소 2. 탄수화물, 당질

밥, 빵, 파스타나 우동과 같은 면류.

식사마다 기준은 밥은 한 공기, 빵은 6조각, 우동이나 국수, 파스타 등의 면류는 200g 정도(삶은 면 기준으로 1인분. 건면의 경우 80~100g). 몸을 많이 쓰는 일이나 영업직처럼 신체 에너지 소비가 많은 사람은 운동량과 공복 정도에 따라 양을 좀 더 늘려도 좋다.

영양소 3. 비타민, 미네랄, 식이섬유

채소, 해조류, 과일 등을 식사 때마다 디저트로 한 접시.

식사 한 끼마다 기준은 손바닥 하나 정도.

채소는 되도록 녹황색 채소(토마토, 당근, 시금치, 소송채, 피망, 무순 등)를 중심으로 구성해보자. 양상추나 오이, 양배추 등

담색 채소도 물론 좋지만, 녹황색 채소에 비해 비타민과 미네랄 함유량이 떨어진다.
해조류도 미네랄이 풍부해서 식단에 함께 구성하면 좋다. 과일은 비타민과 미네랄, 탄수화물(당질)이 적절히 섞여 있으므로 아침 식사와 후식에 하루 1~2개 정도 섞어서 먹는 게 좋다.

이들 세 가지 영양소를 조합해서 매 끼 식사를 구성해보자. 참고할 수 있도록 과긴장 증상이 있을 때도 간편하게 준비할 수 있고, 위도 편한 메뉴를 몇 가지 추천해보겠다(124~125쪽).

아침을 안 먹는다는 사람도 가끔 있는데 아침 식사는 자율신경의 균형을 맞추는 데 중요한 작용을 한다. 균형 잡힌 아침 식사를 섭취해 혈당이 오르고 체온이 상승하면 뇌가 각성한다. 아침 식사는 밤에 작용이 활발한 부교감신경을 낮 동안 활발한 교감신경으로 전환하는 중요한 역할을 하기 때문에, 아침 식사를 습관적으로 거르는 사람이라도 일단은 바나나와 우유처럼 간편한 음식부터 시작해보자.

[표 3-3] 아침 식사 참고 식단

아래로 갈수록 편의점에서도 구입할 수 있는 간편한 메뉴로 구성했다.

 밥, 구운 달걀 또는 낫토, 구운 생선, 채소를 듬뿍 넣은 된장국

 스크램블 또는 삶은 달걀, 빵, 샐러드 또는 좋아하는 과일, 우유 또는 두유(커피 또는 홍차를 넣은 라테도 OK)

 시리얼+우유(또는 두유), 좋아하는 과일

 좋아하는 과일, 플레인 요거트, 빵, 우유 또는 두유 (먹기 힘들 때는 라테나 카페오레도 OK)

 시판 샌드위치, 우유 또는 두유 (먹기 힘들 때는 라테나 카페오레도 OK)

 시판 삼각김밥, 삶은 달걀(또는 어류 소시지), 채소 주스

 바나나, 우유 또는 두유(먹기 힘들 때는 라테나 카페오레도 OK)

※경증 과긴장이거나, 위장에 문제가 없고 식욕이 있으며 매일 일정량의 신체활동으로 에너지가 필요한 사람은 아침, 점심, 저녁의 메인 음식에 돈가스나 스테이크, 햄버거, 마파두부 또는 구운 고기 등 기력을 보충할 수 있는 식단을 짜도 상관없다.

[표 3-4] 점심 및 저녁 식사 참고 식단

위장 건강이 안 좋은 사람은 담백한 메뉴를 추천한다.

- 밥 적당량, 구운 닭가슴살 3~5개, 녹황색 채소가 들어간 샐러드와 밑반찬, 된장국
- 구운 생선 또는 회, 녹황색 채소가 들어간 밑반찬, 밥, 낫토 또는 두부조림, 된장국
- 밥이나 빵, 냉채 샐러드, 된장국 또는 수프
- 오믈렛(달걀 두 개), 낫토 샐러드 또는 참치 샐러드, 빵
- 닭고기구이, 녹황색 채소 샐러드, 수프
- 육류 또는 어류가 들어간 조개 파스타, 참치 샐러드 또는 햄 샐러드
- 어류 또는 육류, 채소가 듬뿍 들어간 찌개, 밥 또는 면
- 채소 또는 고기, 달걀이 들어간 우동, 과일
- 스시, 구운 달걀, 녹황색 채소가 들어간 밑반찬, 된장국
- 달걀국, 두부조림, 녹황색 채소가 들어간 밑반찬
- 채소 또는 차슈, 달걀이 듬뿍 들어간 라면(또는 짬뽕 등 면류), 나물 반찬 또는 과일

충분한 식사가 불가능한 경우에는?

과긴장이 위장 증상으로 나타나 위가 무겁고, 속이 메슥거리며, 복통, 설사, 변비 등이 지속되어 식사를 충분히 섭취하기 힘든 사람은 일단 소화기 내과를 찾아 즉시 검진을 받아보길 바란다.

그대로 방치하면 '식사가 힘든 상태'에서 '입맛이 없는 상태'로 진행되어 식사를 거르게 되고 점점 신체가 허약해져 활동이 힘들어진다. 때에 따라서는 어지러움이나 비틀거림, 가슴 두근거림 등의 신체적 증상과 기력 저하, 우울증, 불안·초조 등과 같은 정신적 증상이 나타나는 경우도 있다. 그러므로 일단은 즉시 내과를 찾아 적절한 치료를 받고 입에 넣을 수 있는 걸 조금이나마 천천히 섭취하며 신체에 영양을 공급하길 바란다.

가장 좋은 건 소화에 좋은 탄수화물과 위에 부담을 주지 않는 단백질을 적절히 섞어 먹는 것이다. 예를 들어 죽, 우동, 오트밀 등 소화하기 쉬운 탄수화물과 구운 달걀, 두부, 달걀찜, 흰 살 생선조림, 어묵과 같은 담백하고 위에 부담이 적은 단백질은 위장 컨디션이 좋지 않을 때도 편하게 섭취할 수 있다.

마실 것도 비타민, 미네랄, 아미노산 등이 함유된 영양 드링크(카페인 음료는 피할 것)나 영양 주스, 양질의 단백질이 함유된 두유나 우유로 최대한 영양을 보충해주면 좋다.

알코올과 당이 다량 포함된 음료는 금물

과긴장 증상이 나타났을 때 기분을 좋게 해주는 알코올이나 설탕이 포함된 단 음료를 몸에서 찾게 되는데 이런 음료를 다량 섭취하는 건 절대 피해야 한다.

알코올, 과당 음료를 다량 섭취하면 몸과 마음의 피로가 증가하고 나아가 과긴장 증상을 악화시키는 원인으로 작용한다. 알코올과 당분은 우리 몸에서 흡수할 때 다량의 비타민과 미네랄을 소비하기 때문에 마시면 당장은 기분이 좋지만, 그 후에 피로감은 가중된다. 그 결과 불안과 초조함을 억제하기 힘들거나 집중력이 떨어져 업무를 제대로 수행하지 못하는 악순환에 빠지고 만다.

"알코올이 들어가면 걱정하던 일을 일단 잊을 수 있어 잠을 잘 수 있어요."

이렇게 과긴장 시 수면개선제 대용으로 알코올을 찾는 사람도 가끔 있는데 알코올에 의존하는 건 매우 위험하다. 알코올에는 수면제보다 강한 의존성이 있어 중독되면 점점 양을 늘릴 수밖에 없다. 나는 알코올 다량 섭취로 중증 간 기능 저하나 알코올 중독에 빠진 환자를 이따금 보곤 한다. 절대 수면제 대용으로 알코올에 손대는 일은 하지 않길 바란다.

Rest 3
'아무것도 하지 않아도 되는 시간'을 나에게 선물하자

무언가 해야 한다는 강박에서 벗어나기

과긴장 해소를 위해서는 먼저 충분한 수면과 소화가 잘되고 영양소가 풍부한 식사를 챙겨 먹는 것이 가장 중요하다. 그리고 이와 함께 '아무것도 하지 않는 시간'을 가능한 한 충분히 확보하는 것도 필요하다.

몸과 마음에 과도한 긴장으로 유발되는 과긴장 증상을 개선하기 위해서는 무언가 해야 한다는 강박에서 벗어나 '아무것도 하지 않아도 되는 시간을 나에게 선물하자.'로 생각을 전환해야 한다.

소파나 침대에 가장 편한 자세로 눕는 것만으로도 좋다.

창가에 편안한 의자 하나 두고 앉아 일광욕하며 창밖을 바라만 보는 것도 좋다. 가능하면 하루, 그게 힘들면 반나절이나 몇 시간이라도 좋으니, 나에게 '아무것도 하지 않아도 되는 시간'을 허락해보면 어떨까? 살아가는 데 필요한 식사 준비와 청소 같은 집안일은 최소한으로 줄이고 잠깐 잊어도 좋다.

나는 남편과 두 명의 아이가 있는 엄마이자 주부이기도 한데 과긴장 증상이 나타나면 식사는 외식으로 때우거나 마트에서 반찬이나 레토르트 식품을 구매해 최대한 식사 준비에 드는 시간을 줄인다.

우리 집의 경우 청소와 빨래는 남편과 분담하는데 내가 맡은 집안일은 잠시 쉬거나 남편에게 사정을 말하고 부탁해 일단은 '해야 하는 일'을 줄이고 되도록 '아무것도 하지 않는 시간'을 확보해 휴식에 전념한다.

평소에 쉬지 않고 일하는 사람이나 짧은 시간 동안 많은 일을 해치우는 일머리가 좋은 사람일수록 아무것도 하지 않음을 '게으르다', '시간을 낭비한다'고 생각해 스스로를 몰아붙이는 경향이 있다. 그러나 과긴장 증상이 나타났을 때는 우리의 몸과 마음이 '비정상적으로 긴장이 지속되고 있으며 이대로는 위험해!'라는 SOS 신호를 보내는 긴급 상황이다. 그러니 우리의 몸과 마음에 '휴식'을 주는 데 너무 인색하지 않았으면 한다.

앞서 말했듯이 적절한 수면과 식사에, '아무것도 하지 않는 시간'을 나에게 선물하는 것이 바로 '휴식=Rest'이며, 과긴장 개선을 위한 가장 기본적인 치료법임과 동시에 가장 중요하고 효과적인 방법이다.

Relaxation
몸과 마음의 긴장을 풀어내는 활동

수면과 식사처럼 인간의 생존에 가장 기본적이면서 중요한 휴식(Rest)이 확보됐다면 차츰 이완(Relaxation)으로 넘어가보자.

아무것도 하지 않고 멍하니 시간을 보내도 '걱정거리'가 머릿속을 떠나지 않아 초조하고 불안할 때는 적절히 이완을 시도해보면 걱정거리를 잠시 잊고 기분을 전환해 긴장을 이완하는 데 도움이 된다.

이쯤에서 다시 한번 앞에서(92쪽) 설명한 이완의 정의를 간단하게 복습해보자. 주로 호흡을 안정시키고, 근육의 긴장을 푸는 등 정신적 안정을 취하는 행위가 이완이다. 가령 따뜻한 물에 몸을 담그고 심신을 이완할 수도 있다. 스트레칭이나 요가, 명상으로 근육의 긴장을 풀고 호흡을 안정시킬 수도 있을 것이다.

집에서 아로마 향초를 태우거나 음악을 들으며 편안한 기분을 느끼고, 재미있는 영화나 TV 프로그램을 보며 심신의 긴장을 풀 수도 있다.

산책, 러닝, 사이클링 등 가벼우면서 간편하게 할 수 있는 유산소운동을 통해 전신을 움직이고, 집 근처 마사지숍이나 에스테틱에 가서 시술을 받는 것도 심신을 이완하는 데 도움을 준다.

이완은 앞 장에 나온 휴식에 비해 조금 에너지가 필요한데, 익숙한 환경에서 편하게 할 수 있어 심신의 긴장을 푸는 효과가 있다. 적절한 휴식을 통해 에너지를 회복한 후에 이완 활동을 하면 상승효과가 나타나 과긴장을 해소하는 데 도움을 준다.

이런 이완 행위는 취향이나 성격에 따라 가지각색이지만 지금 나에게 가장 '편하고' '긴장감 없으며' '스트레스 없는' 방법을 선택하면 좋다. 어디까지나 '하고 싶은 일', '기분 전환에 도움이 되는 일'을 찾아보길 바란다.

예를 들어, 따뜻한 물에 몸을 담그는 건 일반적으로 이완 활동에 해당하지만 몸이 피곤할 때나 두통이 있을 때는 몸에 무리가 될 수도 있다. 평소 요가 수업이나 마사지숍에 가서 몸을 풀던 사람이라도 과긴장 증상이 있을 때는 요가 수업이나 마사지숍에서 다른 사람과 이야기를 나누는 것조차 귀찮을 수 있다.

본인의 기분을 잘 살펴서 '그때그때 기분에 맞춰 마음이 향하는 일'을 선택하는 것이 현명한 방법이다. 그 당시의 기분이 자연스럽게 향하는 곳이 내 몸의 에너지와 가장 잘 맞는 곳이다.

단, '내 몸과 마음에 가장 건강한 일'을 선택하길 바란다. 내 몸과 마음이 지금 '술 진탕 마시기', '달달한 거 원 없이 먹기', '질릴 때까지 담배 피우기' 등을 원한다 하더라도, 이건 누가 봐도 몸에 해로운 행위이다. 아무리 순간적으로는 기분이 전환된다고 해도 명백히 과긴장 증상을 악화시키는 행위이다.

일반적으로 몸과 마음에 좋은 것들 가운데 본인의 체력과 기분, 취향에 맞는 일을 최대한 솔직하게 선택해보자. 아래에 일반적으로 사람들이 좋아하고, 간편하게 할 수 있는 이완 행위를 몇 가지 예로 들어 두었으니 여기서 골라봐도 좋을 것이다.

생각 없이 볼 수 있는 영화나 드라마 즐기기

이완법으로 많은 사람들이 간편하게 즐기는 것 중 하나가 집에서 스마트폰이나 TV로 영화를 감상하는 것이다. 과긴장 증상이 나타났을 때 '걱정거리'가 머리에서 떠나지 않고 맴도는 증상 때문에 힘들다는 사람이 많은데 스토리가 있는 영화는 내용에 푹 빠져 '걱정거리'에서 잠시 벗어나게 해주는 효과가 있다.

나도 과긴장 증상이 있을 때 이완법으로 종종 영화를 본다. 기본적으로 좋아하는 장르의 영화를 보면 되지만, 과긴장 증상이 있을 때는 되도록 유쾌한 느낌의 해피엔딩이나 성공담, 마음 따뜻한 휴먼 스토리, 코미디 장르를 추천한다. 본인이 좋아하는 배우가 나오거나 평소 좋아하는 장르라면 더없이 좋다. 좋아하는 배우가 나오는 스토리 있는 드라마나 영화는 그 내용에 푹 빠질 수 있어 과긴장 증상이 있을 때 '걱정거리'에서 벗어나게 해주는 강력한 기분 전환 효과를 선사한다.

반대로 피해야 할 영화는 주인공이나 주변 인물이 불행해지는 비극적 스토리나 지나치게 심각한 사회문제를 주제로 다루는 영화, 공포 영화, 재난 영화(일본 침몰, 팬데믹 등 절망적인 재해를 주제로 한 영화)와 같이 부정적인 감정을 불러일으키는 영화이다. 이른바 '구원 없는 결말'이나 '끝맞이 씁쓸한 열린 결말'의 영화이다.

이런 '불안', '비극', '공포', '무기력', '분노'와 같이 부정적인 감정을 불러일으키는 영화는 과긴장 증상을 더욱 악화시킬 우려가 있다. 따라서 새롭게 영화나 드라마를 시작할 때는 로맨틱 코미디나 다른 사람의 리뷰를 보고 고르는 것도 도움이 된다.

부정적인 감정을 불러일으키는 영화나 드라마를 피하기 위해서는 이미 봤던 영화를 다시 보는 것도 추천한다. 나는 예전에 본 드라마나 영화에서 '희망', '기쁨', '용기', '행복' 등 긍정적인 감정을 선사했던 영화를 녹화해두거나 DVD를 구매해 보관하고 있다.

과긴장 증상이 있을 때 휴일에는 집안일을 잠시 잊고 보관해 두었던 영화 중 그때그때 보고 싶은 장르를 골라 다시 보곤 한다. 예전에 본 영화를 다시 보면 안심하고 아무 생각 없이 즐길 수 있다.

음악을 좋아하는 사람은 좋아하는 음악이나 좋아하는 아티스트가 나오는 영화를 봐도 좋다. 음악은 가능하면 느린 템포나 밝은 분위기의 장조가 이완 효과가 있다는 연구 결과가 있다. 참고로 모차르트 곡은 이완에 효과가 좋기로 유명한데, 확실히 모차르트의 곡 중에는 밝고 경쾌한 분위기의 곡이 많은 것 같다. 반대로 지나치게 격정적인 템포나 절규하는 록 음악, 비극적인 가사에 슬픈 멜로디의 곡은 피하는 것이 좋다.

독서를 좋아하는 사람은 여유롭게 책을 읽는 것도 좋지만 과긴장 증상이 있을 때는 머리를 지나치게 써야 하는 복잡한 내용의 책은 피하자. 영화나 드라마와 마찬가지로 비극적인 내용의 소설이나 무력감과 분노를 불러일으키는 비극적인 결말의 책은 피하는 것이 좋다. 과거에 읽었던 책 중에 좋았던 소설을 다시 꺼내 가볍게 읽어 보는 것도 추천한다.

집 근처를 산책하거나 카페에서 여유로운 시간 만끽하기

집에 있으면 가족들 뒤치다꺼리하느라 편히 쉬기 힘들고, 할 일이 눈에 들어와 차분히 앉아 있기 힘든 사람은 큰맘 먹고 외출해 집 근처를 산책해봐도 좋을 것이다. 다만 어디까지나 집 근처에 한해서다. 너무 먼 곳이나 처음 가보는 곳은 체력과 기력이 필요해 과긴장 증상이 악화되므로 피하는 것이 좋다. 일단 여유롭게 시간에 쫓기지 않고 익숙한 곳을 찾아 본인의 리듬에 맞춰 천천히 걸어보기를 바란다.

만약 주변에 녹음이 우거진 공원이나 가로수길, 강, 바닷가, 사찰 등 조금이라도 '자연'을 만끽할 수 있는 곳이 있다면 그 근처를 산책해도 좋다. 푸른 녹음과 꽃향기, 물의 흐름, 기분 좋은 바람처럼 자연을 접할 수 있는 환경에서는 이완 효과가 향상된다.

반대로 피해야 할 곳은 사람이 붐비는 쇼핑몰이나 관광지, 배기가스와 소음이 심한 장소다. 이런 장소는 초조함과 긴장, 피로도를 높이기 때문에 산책 코스로는 가급적 추천하지 않는다.

산책 외에는 조용한 도서관이나 카페에서 시간을 보내는

것도 추천할 만하다. 도서관이나 카페에 들어가 편한 의자에서 좋아하는 잡지를 여유롭게 넘겨보거나 스마트폰으로 영화나 음악을 감상하며 여유로운 시간을 보내보길 바란다.

Recreation
에너지가 회복됐다면 레크리에이션도 OK

휴식과 이완으로 심신의 에너지가 회복됐다면 이제 레크리에이션도 시도해보자. 기분이 전환되고 새로운 아이디어가 떠오를 수도 있다. 레크리에이션을 시도해도 좋을지 말지의 기준은 아래와 같다.

① 충분한 수면과 식사가 확보되었을 때
② 심신의 나른함이 회복되고 '마음에서 우러나와서 하고 싶은 상태'일 때

조금 애매하다면 다음의 질문을 자신에게 던져보자.
"당신의 마음에 충전기가 있다. 컨디션이 가장 좋을 때를 100퍼센트, 정신적으로 축나 침대에서 한 발짝도 나오기

힘들 정도로 피로한 상태를 0퍼센트라 하자. 지금 당신 마음속의 충전기는 몇 퍼센트 남았는가?"

이 질문에 대한 여러분의 대답이 "50퍼센트 미만"이면 아직 레크리에이션은 시기상조라 할 수 있다. 최소한 "50퍼센트 이상"은 되어야 레크리에이션을 차츰 시도해볼 수 있다.

기분 전환을 위한 활동 즐기기

먼저 앞서 나온(91쪽) 레크리에이션의 정의에 대해 간단히 복습해보면, 취미나 오락, 좋아하는 스포츠, 게임 등 업무 외에 좋아하는 일을 하며 시간을 보내는 것을 말한다. 친구와 식사하며 수다 떨기, 좋아하는 행사나 콘서트에 가거나 여행 떠나기, 스포츠 경기 관람하기, 골프나 축구 등 스포츠 즐기기, 게임에 몰두하기, 정원 가꾸기, 바이크 타기, 음악 연습, 영어 회화 같은 취미활동 즐기기 등이 여기에 해당한다.

이런 활동들은 앞에 나온 이완에 비해 에너지 소비가 더욱 크기 때문에 충분히 휴식을 취하고 이완 활동으로 심신의 긴장을 푼 후에 비로소 가능한 일이다. 젊고 체력이 좋은 사람일수록 스트레스로 과긴장 증상이 찾아왔을 때 '좋아, 이왕 이렇게 된 거 스트레스 해소나 하자!'라며 레크리에이션으로 기분을 전환하려 하겠지만 에너지가 고갈된 상태에서 하는 건 금물이다.

좋아하는 일에 푹 빠져 머리 아픈 일을 싹 잊을 정도로 즐거운 경험을 해보면 확실히 마음의 피로와 스트레스 해소에 도움이 되겠지만, 휴식이 필요한 시기에 에너지를 소비해버리면 오히려 증상이 악화된다. 따라서 마음속 충전기가 50퍼센트 미만일 때는 피하는 게 좋다.

레크리에이션은 즐거움이란 에너지를 충전해주지만 동시에 체력과 기력도 많이 쓰이기 때문에 몸과 마음이 모두 어느 정도 회복된 후에 짧은 시간 동안 해보고 상태를 보며 차츰 늘려가는 것이 좋다.

다음으로 레크리에이션을 하기에 앞서 주의해야 할 점을 몇 가지 살펴보자.

레크리에이션은 가능하면 오후부터

가령 주 5일제 근무로 토, 일 두 번 쉬는 경우 친구나 가족과 약속을 잡고 레크리에이션을 할 때는 토요일 오후부터는 편하게 휴식을 취한 후에 일요일부터 하기를 추천한다. 휴식과 이완을 통해 에너지가 충전되어 조금씩 기력이 회복되었다 해도 안심하긴 이르다. 과긴장 원인이 명확히 개선되어 마음속 충전기(145쪽)가 100퍼센트에 가깝게 충전된 경우를 제외하고, 과긴장 증상이 조금 개선되었다고 해도 자율신경 균형은 아직 불안정한 상태이다.

적어도 주중의 업무로 쌓인 긴장과 피로를 해소하기 위해 토요일 오전은 충분히 잠을 자고 편히 쉬거나 이완하는 시간을 가져야 한다. 마음의 충전기가 "50퍼센트 이상, 80퍼센트 이하"인 경우라면, 레크리에이션은 친구나 가족과 집 근처에서 식사를 하거나 영화를 보러 가는 등 시간 단위로 짧게 시도해보자. 과긴장 증상에 점차 차도가 보인다면 서서히 시간을 늘리며 외출을 시도해봐도 좋다.

새벽부터 일어나 준비해야 하는 놀이공원 가기, 체력 소모가 큰 행사나 레저 활동은 마음의 충전기가 80퍼센트 이상이 되었을 때 추천한다.

1박 2일 짧은 여행을 떠날 때도 가능하면 토요일 아침에는 충분히 잠을 자고 오후부터 출발하는 일정을 짜도록 하

자. 여행은 일정을 빡빡하게 짜서 시간에 쫓기는 일이 없도록 유의하고, 발길 닿는 대로 무작정 떠나보는 여행도 추천한다. 온천 여행에 가서 마음껏 온천욕을 하며 근처를 산책하고, 숲이나 해변 근처 호텔에서 여유롭게 묵으며 자연을 만끽하는 등 한껏 게을러져 보는 여행도 좋다.

특히 과긴장 증상이 조금이라도 남아 있을 때는 '무조건 잠은 푹 자는 일정'을 중심으로 하여 낮에도 시간에 쫓기지 않는 여유로운 스타일의 레크리에이션에 도전해보자.

편하게 볼 수 있는 친구 만나기

식사나 영화를 보러 친구와 만날 때는 필히 마음의 안정을 주는 편한 친구를 골라 만나자.

"친해진 지 얼마 안 돼서 어색한 사이", "같이 있으면 즐겁지만 미덥지 않은 친구", "사람은 좋지만, 자기주장이 센 친구", "하고 싶은 말을 거침없이 하는 독설가 친구"는 과긴장 증상이 있을 때 만나는 건 피하는 것이 좋다. 이런 사람과의 만남은 기운이 있고 에너지가 넘칠 때는 괜찮지만 과긴장 증상으로 체력이 떨어졌을 때는 그나마 없는 에너지를 빼앗길 우려가 있다.

과긴장 증상이 있을 때 함께 식사하거나 외출해도 좋은 사람은 "함께 있으면 편하고 마음을 터놓을 수 있는 사람"이다. 물론 가족이나 형제간 우애가 좋은 사람은 가족과 함께 시간을 보내는 게 가장 좋다.

친구 중에서도 마음 따뜻하고, 자기주장이 강하지 않으며 있는 그대로의 내 모습으로 만나도 편한 사람, 쓸데없는 신경을 쓸 필요 없는 사람이 과긴장 증상이 있을 때 만나기 좋은 상대이다.

멀리 외출할 때는 반드시 쉬는 날을 만들자

레크리에이션을 할 때 가장 일반적인 것이 산과 바다로 떠나는 여행, 콘서트나 전시회 가기, 놀이공원이나 관광지, 온천을 하러 떠나는 당일치기 여행이다. 이런 짧은 여행은 신체가 건강할 때는 기분을 전환하는 효과가 뛰어나고 즐거운 일이기도 하다. 또한 과긴장을 유발한 걱정거리를 머릿속에서 잠시나마 잊게 해주는 효과도 기대할 수 있다.

그러나 이때 주의해야 할 점은 이후의 피로이다. 짧은 여행이나 일상을 벗어난 레크리에이션은 상당한 체력과 기력 소모가 따르기 때문이다. 따라서 마음의 충전기가 스스로 평가했을 때 80퍼센트 정도로 회복될 때까지는 이런 유형의 레크리에이션은 피하는 것이 좋다. 만약에 꼭 해야 한다면 반드시 피로를 해소할 수 있는 시간을 충분히 확보해야 한다. 익숙하지 않은 장소에 가거나 체력이 필요한 행사나 레저 활동을 한 후에는 필연적으로 체력이 소모되어 심신에 피로가 축적되기 때문이다.

가령 휴일인 토요일을 이용해 1박 2일 여행을 하는 경우 일요일 오후 3시 전에는 귀가해 충분히 피로 해소를 위한 시간을 확보해야 한다.

몇 시간에 걸려 기차나 비행기를 타고 떠나는 여행, 등산 혹은 자전거 여행, 활기찬 스포츠 경기 등 체력 소모가 심한 활동을 한 후에는 휴가를 활용해 집에 돌아온 다음 날 하루 종일 푹 쉬며 피로 해소를 위한 시간을 가져보면 어떨까? 체력이 고갈된 채로 다시 출근해야 하는 월요일을 맞으면 더욱 심한 우울증이나 불안감이 찾아와 과긴장 증상이 악화될 가능성이 높다.

[그림 3-5] 당신의 마음속 충전기는 지금 몇 퍼센트?

 **과긴장의 원인 대처에 나서자**

충분한 수면, 영양가 풍부한 식사를 중심으로 휴식을 확보하고 적절한 이완으로 마음속 충전기가 40퍼센트 이상으로 올라왔다면 레크리에이션과 함께 과긴장을 유발하는 스트레스의 원인을 찾고 이에 대처할 방법을 모색해보자. 우리를 과긴장에 빠뜨려 심신의 균형을 해치는 스트레스의 원인이 사라지거나 줄어들지 않는 한 과긴장 증상을 완벽히 치료할 수는 없다. 휴식과 이완, 레크리에이션을 통해 일시적으로 에너지를 회복해 증상이 완화되었다고 해도 과긴장의 근본적인 원인을 해결하지 않았다면 다시 과긴장 증상에 노출될 가능성이 높다.

한편, 과긴장 증상을 유발하는 스트레스는 "본인 의지나 다른 사람의 도움으로 줄일 수 있는 스트레스"와 "현재로 선 누구도 해결해줄 수 없는 스트레스"로 나눌 수 있다. 여기서는 크게 이 두 가지로 나눠 과긴장 원인인 스트레스에 대응하는 방법에 관해 이야기해보고자 한다.

자기 의지나 다른 사람의 도움으로 줄일 수 있는 스트레스

산업보건의로 일하며 상담하다 보면 과긴장 원인으로 종종 아래와 같은 스트레스를 호소하는 사람이 많다.

"업무량이 너무 많은데 마감 일정은 촉박해 무리해서 야근할 수밖에 없고 잠은커녕 쉴 시간도 부족해요."
"업무에 대한 책임 부담이 커서 차질이라도 생기면 심신이 피폐해져요."
"회사나 클라이언트 사이에서 관계를 조율하는 데 스트레스를 받아 정신적으로 불안하고 긴장이 심해요."

이러한 상태가 지속되며 "일 생각이 머릿속에서 떠나지 않아 잠을 자기 힘들다.", "깊게 잠을 잘 수 없어 몸과 마음의 피로가 쌓였다.", "입맛이 없다.", "집중력이 떨어진다." 등의 과긴장 증상을 호소하는 사람이 적지 않다. 이와 같은 업무 스트레스는 즉각 상사나 동료(사내 고충 전문 상담사 혹은 산업보건의를 추천), 상담사와의 상담을 통해 업무 분담을 재조정받길 바란다.

과긴장 증상의 근본 원인인 업무 스트레스를 즉각 조정하지 않으면 증상이 개선되지 않는다. 걱정하지 말고, 즉각 주변에 상담을 청할 수 있는 사람에게 도움을 요청해보자. 이때 전후 사정을 모르는 동료에게 상담하기보단 업무 내용을 조정할 수 있는 권한이 있거나 사내 고충을 해결하는 업무를 담당하는 상사나 담당자, 산업보건의나 사내 상담사 등이 가장 좋다.

만약 회사 규모가 작아 상담을 요청할 만한 사람이 없다면 정신건강의학과나 심리상담센터를 하루속히 찾아 상담을 받고 치료를 받는 것도 좋다. 정신건강의학과나 심리상담센터 의사는 업무 스트레스로 인한 과긴장 증상이라 판단될 때 진단서를 써서 "야근 축소", "책임과 업무량 경감" 때로는 "업무 환경 재정비" 등이 필요하다는 소견을 회사에 전달한다. 이러한 진단서를 회사에 제출하면 회사도 움직일 수밖에 없다.

"상담받았다가 괜히 업무 평가가 나빠지면 어쩌죠?"
"업무를 줄여야 한다는 진단서를 내면 제 업무가 동료에게 넘어가 피해를 줄까 봐 겁나요."

이와 같은 우려로 과긴장 증상이 심각한 상황인데도 이를 방치했다가 증상 악화로 결국 휴직에 들어간 사람도 종종 봐왔다. 증상이 악화되어 휴직에 들어가면 앞서 걱정했던 일들이 현실이 될 가능성이 더 커질 것이다. 그러므로 과긴장 증상을 자각하면 즉시 움직여 증상이 심하지 않을 때 스트레스의 근본 원인을 제거하고 체력을 회복하는 것이 무엇보다 중요하다.

만약 프리랜서 등 개인사업자나 회사를 경영하는 경우 본인의 업무량이나 책임, 업무상 인간관계로 인한 스트레스 조정을 본인이 직접 해야 하는 경우도 있다. 나 또한 작은 회사를 경영하며 산업보건의 업무를 겸하는 개인사업자이므로 고민 상담을 할 수 있는 사람이 없는 고충을 잘 안다. 이 경우 과긴장 증상이 나타났을 때 취해야 할 조치는 과긴장 증상이 발생한 원인을 제대로 파악하는 것이다.

업무의 책임과 양, 마감 일정이 너무 무리한 일정인 건 아닌지, 현재 업무상 인간관계 문제로 향후 업무를 지속하기 힘들지도 모른다는 생각에 불안한 건 아닌지 등 본인이 어떤 부분에서 스트레스를 받고 있는지 세세히 분석하고 과긴장의 근본 원인을 파악하자. "현재 나의 걱정은 무엇인가?", "무엇이 두려운가?", "신경 쓰이는 일이 있는가?" 등의 질문을 스스로에게 던져보고 종이에 적어보길 바란다. 과긴장을 유발하는 스트레스의 근본 원인을 밝혀냈다면 비로소 해결책이 보이기 시작할 것이다.

근본 원인이 명백해졌다면 상담할 수 있는 전문가나 같은 경험을 한 친구 또는 주변 지인에게 도움을 요청해보자. 다소 비용이 들더라도 해당 분야 전문가에게 상담을 받으면 심리적 안정을 얻을 수 있다. 또, 구체적인 해결책을 찾지 못하더라도 자신과 비슷한 처지에 있는 친구나 지인과 이야기를 나누는 것만으로도 생각을 정리하는 데 도움을 준다.

적절한 상담 상대를 찾지 못한 경우 임상심리사나 전문 강사를 찾아 수업을 받아도 좋다. 임상심리사나 전문 강사는 내담자의 마음을 안정시키는 기술을 가지고 있고, 내담자의 마음속 고민을 밖으로 끌어내는 데 도움을 준다(단 상담이나 코칭은 사람에 따라 기술에 차이가 크고, 사람에 따라 맞는 방식이 다르므로 일단 시도해보고 효과가 있다면 지속적으로 받기를 권한다).

프리랜서나 회사 경영자와 같이 주변에 상담을 해줄 만한 사람이 없는 경우 평소에 해당 분야 전문가를 눈여겨보고 있다가 업무상 고민이 생기면 상담을 받고, 주변 지인이나 친구와 평소에 관계를 잘 구축해두는 것도 중요하다.

참고로 나는 산업보건의 직업상 아무래도 노동법을 바탕으로 담당하는 회사에 소견을 전달해야 하는 경우가 많아 노동 분야 전문 변호사를 고문으로 두고 있다. 마찬가지로 산업보건의로 독립해 병원을 개원한 동료 의사들과 지속적으로 교류를 하고 있다. 상담과 코칭을 전문으로 하는 친구와도 좋은 관계를 유지하며 유사시에 내담자로 상담이나 코칭을 요청하기도 한다.

이렇게 평소에 네트워크를 구축해두었다가 어쩌다 업무상 문제로 스트레스가 발생해 과긴장 기미가 보이면 주변 지인들에게 즉각 고민 상담을 요청하고 초기에 대처해야 과긴장 증상이 길게 지속되지 않는다. 고민이나 스트레스를 혼자 마음속에 쌓아두면 과긴장 증상만 악화될 뿐이다. 일단은 주변에 신뢰할 수 있는 지인에게 고민을 꺼내보길 추천한다.

당장은 도저히 해결 방법이 없는 스트레스

과긴장에 취약한 사람에게 자주 보이는 공통점은 '미래에 대한 걱정이 많다'는 점이다.

'내일 있을 프레젠테이션을 망치면 어쩌지?'
'이번 시험에 또 떨어지면 어쩌지?'
'상사나 클라이언트한테 좋은 평가를 못 받으면 어쩌지?'

아직 일어나지도 않은 미래의 일에 대해 불안해하거나 걱정하기 때문에 밤에도 머릿속에서 업무 생각이 떠나지 않고 과긴장 증상이 해소되지 않는다.

미래에 대한 걱정이 많은 성격을 하루아침에 고치기란 불가능에 가깝다. 나는 지극히 '미래의 일'을 걱정하는 성격이라 마음 챙김 명상이나 인지행동치료를 나름대로 공부해 지금도 실천하고 있는데, 솔직히 말해 극적으로 이렇다 할 효과를 보지는 못했다.

하지만 각각 5년 이상 이론과 개념을 공부하고 실천해오며 확실히 이전에 비해 스트레스에 대한 내성이 높아졌고, 과긴장에 대한 저항이 생긴 것 같긴 하다. 인지행동치료나 마음 챙김 명상을 배우고 실천하며 긍정적인 사고가 내 안에 자리 잡았다.

"미래의 일은 누구도 알 수 없어."
"아직 일어나지도 않은 일을 생각하며 걱정해봤자 아무 소용없어."
"미래에 대한 걱정이나 불안에 사로잡히지 말고, 일단 눈앞의 일에 집중하자."

내 경우 어느 정도의 스트레스에는 이전보다 내성이 생겼고, 마음을 다스리기도 쉬워졌지만 극심한 스트레스가 발생하면 머릿속에서 스트레스의 원인이 떠나지 않고 불안하고 걱정하는 성격이 다시 고개를 들고, 긴장 증상이 스멀스멀 나타나는 경우가 있다.

마음 챙김 명상이나 인지행동치료 등의 심리요법은 인내심을 갖고 꾸준히 하면 '불안에 취약한 성격'을 완충해주는 효과를 기대할 수 있는데 안타깝게도 이 방법이 능사는 아니다.

사실 "앞일은 알 수 없으니 쓸데없는 걱정은 하지 말자.", "불안한 생각은 그만하자."라며 생각을 돌리려고 하면 할수록 머릿속에서 걱정거리가 떠나지 않는 얄궂은 성격을 가진 사람들이 많다. 이 성격을 심리학 용어로 "백곰 효과"에 빗대어 설명할 수 있다.

한 심리학 실험에서 피험자에게 "백곰을 떠올리지 말라."고 지시하자 역으로 대다수의 피험자에게서 백곰의 이미지가 머릿속에서 떠나지 않는 역효과가 나타났다. 과긴장 시 종종 발생하는 "신경 안 쓰려고 해도 자꾸 내일 해야 할 일이 머릿속에서 떠나지 않아요.", "생각하지 않으려 해도 앞날이 걱정돼서 불안해요." 등의 심리 상태 또한 백곰 효과로 설명할 수 있다.

이 백곰 효과를 개선하기 위해서는 물론 '걱정거리'를 떨쳐내기 위해 긍정적인 방향으로 기분을 전환하거나 푹 빠질 수 있는 취미에 집중하는 방법도 효과가 있다. 이 대부분은 앞에 나온 3개의 R 중 레크리에이션에 해당하는 행위이다.

그러나 레크리에이션은 걱정거리를 잠시 잊게 해줄 뿐 레크리에이션이 끝나면 다시 머릿속에 걱정거리가 밀려오는 경우가 대부분이다. 따라서 레크리에이션과 함께 해보면 좋은 것이 '머리가 비워질 때까지 걱정거리와 정면으로 맞서는 방법'이다. 백곰 효과는 생각하지 않으려고 하면 할수록 생각이 나는 상태이므로 역으로 '끈질기게 생각하기'로 맞서는 것이다. 문제를 뿌리 깊숙이 파고들어보면 반대로 뇌가 질려서(고민에 질려) 더 이상 생각하지 않게 되는 것이다.

이럴 때 내가 실천하는 방법이 '일단 지금 당장 할 수 있는 일을 하기'이다. 예를 들어 대지진이나 수해 등의 자연재해나 질병, 부상에 대한 걱정과 공포는 현재 시점에서 누구도 해결할 수 없는 문제이다. 그러나 그 문제에 대비해 지금 당장 할 수 있는 일도 몇 가지 있다. 재해가 발생해도 며칠 동안 버틸 수 있는 물과 식량 준비하기, 지진으로 가구가 넘어지지 않도록 평소 가구에 안전장치 해두기, 필요한 보험을 평소에 들어두기 등.

물론 이렇게 해도 재해는 피할 수 없지만, 조금이라도 마음을 안정시키는 데에는 도움이 된다. 이렇게 이런저런 시도를 하다 보면 "지금 내가 할 수 있는 일은 다 했다."라고 뇌가 파악해 다른 생각으로 전환하려고 한다.

이는 업무와 관련된 불안으로 유발된 스트레스의 경우에도 마찬가지로 적용된다. 일단 "지금 당장 할 수 있는 일"을 최대한 하다 보면 완벽하게는 아니라도 어느 정도 마음에 안정이 찾아오고 그 과정에서 뇌가 다른 생각으로 넘어가게 해준다.

'혹시 내가 담당하는 일이 잘못되면 어쩌지?'라는 불안이 엄습하면 완벽하지 않더라도 '만일의 경우'를 상정하고 가능한 범위 안에서 미리 대비해두는 것이다. 예를 들어, 일이 잘 되지 않았을 경우 어떻게 대처해야 하는지를 상사나 동료에게 상담하기, 클라이언트에게 어떻게 이유를 설명하고 사죄할지 미리 생각해두기 등. 이런 대안을 미리 생각해 두고 어떻게 대처할지 구체적인 계획을 세워두자. 또 만에 하나 최악의 사태가 발생할 경우를 대비해 가능한 범위 안에서 준비해두는 것도 과긴장 증상을 완화하는 데 도움이 된다.

물론 '문제 해결을 위해 지금 할 수 있는 일'이 있다면 그 또한 차근차근 해나가면서 말이다. 이 밖에도 평소 의지하지 않던 사람에게 조금이나마 조언을 구할 수 있도록 성심성의껏 도움을 요청해보기, 비용이 좀 들더라도 일의 효율을 높여주는 프로그램 구입해보기, 비슷한 경험을 한 사람으로부터 조언 듣기 등을 해볼 수 있다.

레크리에이션을 하다 보면 지금까지 떠오르지 않았던 아

이디어가 문득 떠오르는 경우도 있는데, 그럴 때 종이에 적어두고 시도해보는 것도 좋을 것이다.

단, 이러한 "문제에 정면으로 맞서기" 방법은 충분한 수면과 식사를 확보하는 휴식이 제대로 이루어지고, 몸과 마음의 긴장을 푸는 이완 시간을 가진 후에 시도해보자. 휴식과 이완으로 심신의 에너지가 어느 정도 회복된 후에 실천하는 것이 포인트이다.

심신이 피폐한 상태이거나 충분히 잠을 자지 못했을 때 과긴장을 유발한 원인과 정면으로 맞선다면 더 극심한 스트레스나 피로 누적을 부를 수 있다. 때에 따라서는 심각한 정신적 문제나 질병으로 진행되는 경우도 있으므로 주의가 필요하다.

거듭 말하지만, 과긴장이 왔을 때는 제일 먼저 휴식, 두 번째로 이완, 세 번째로 레크리에이션이 기본 순서이다. "문제와 정면으로 맞서기" 방법은 세 번째 레크리에이션과 동시에 실천하면 된다.

그리고 마지막 단계는 "하늘에 맡기기"이다. 현재 도저히 해결 방법이 없는 스트레스로 인해 과긴장 증상이 나타났을 때 이처럼 일단 할 수 있는 일을 해보고 난 이후에 남은 건 하늘에 맡기는 일뿐이다. 이렇게 말하면 그게 의사가 할 말이냐고 놀라는 사람도 있을지 모른다.

그러나 도저히 해결 방법이 없는 스트레스로 걱정과 불안, 공포로 과긴장 증상이 올라올 때는 "하늘에 맡기기"가 의외로 유용한 경우도 많다. 오랜 옛날부터 인간은 눈에 보이지 않는 초월적인 존재나 인간의 힘으로는 어쩔 도리가 없는 경이로운 자연현상에 대해 다양한 형태로 하늘에 "기도"를 올려왔다. 절이나 교회, 성당, 사원 같은 장소에 가서 인간을 초월한 존재에게 "해결 방법을 찾게 해주세요.", "마음에 평안이 찾아오게 해주세요." 하고 기도하며 눈앞의 스트레스에 잠식당하지 않기 위한 셀프케어에 나서는 것이다.

나는 하느님, 부처님 모두 믿는 신앙 스타일을 가지고 있는데 기도를 올리는 장소에 가면 신기하게 마음이 편안해짐을 느낀다. 그런 곳에는 나무가 많이 심겨 있어 초록이 무성한 데다 항상 정갈하게 정돈되어 있고 곳곳에는 사계절 형형색색의 꽃이 피어난다. 맑은 공기를 마시고 푸르른 녹음과 꽃을 바라보며 거닐다 보면 긴장이 풀리고 기분이 상쾌해진다는 사람도 많다. 이는 삼림욕 효과나 마음 챙김 명상을 체험하는 것과 비슷한 효과를 준다. (마음 챙김 명상에는 주먹을 쥐고 눈을 감는 명상 형태뿐 아니라 시각, 후각, 촉각, 청각을 활용해 천천히 걷는 "걷기 명상"도 있다.)

신이 존재하는지에 관한 논쟁은 어려운 문제이니 일단 제쳐두고, 선조들이 고대부터 하늘에 기도를 올리던 장소를 찾아 인간을 초월한 존재에게 문제가 잘 해결되게 해달라고 비는 과정은 마음을 안정시키는 효과가 있었던 것으로 보인다. 이러한 기도 역시 부담 없이 본인이 믿는 종교에 맞춰 신에게 올리면 된다.

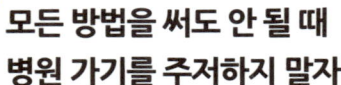 **모든 방법을 써도 안 될 때
병원 가기를 주저하지 말자**

지금까지 과긴장 증상이 나타났을 때 해야 할 셀프케어에 관해 휴식, 이완, 레크리에이션 그리고 과긴장 원인에 대처하기 순으로 알아보았다.

이 순서에 맞춰서 해봤는데도 "1~2주 이상 거의 매일 증상이 지속된다." 혹은 "매일은 아니지만 증상이 자주 나타나 업무와 일상생활에 지장을 준다."라면 망설이지 말고, 즉시 전문 의료기관을 찾아 검진을 받아야 한다.

본인의 과긴장 주요 증상이 신체적 증상이라면 심리상담센터나 정신건강의학과에 가기 전에 일단 신체 증상에 해당하는 진료과를 찾아 검진을 받는 게 좋다.

명백히 정신적 스트레스가 원인인 경우라 해도 주요 증상이 신체적 증상으로 나타난다면 신체 증상에 관한 치료부터 시작하는 것이 효과가 좋을 수 있다.

또 생각지 못한 질병을 발견할 수도 있으므로 정밀검사를 받아보는 것이 좋다. 동네 심리상담센터나 정신건강의학과에서는 신체적 증상을 진단할 장비나 전문의가 상주하지 않는 경우가 많으므로 먼저 해당하는 진료과를 찾아 이상이 없는지 전문의에게 정확히 검진을 받아 확인하는 것이 중요하다. 몇 가지 예를 한번 살펴보자.

- 두통이 심할 경우 뇌신경외과 또는 두통 전문 외과
- 어지러움, 이명, 청각 과민 증상이 있다면 이비인후과
- 기력 저하, 미열이 지속되면 가까운 내과나 종합병원
- 소화불량, 위염, 설사, 변비, 복통, 식욕부진이 심할 경우 소화기내과
- 가슴 두근거림, 호흡 곤란, 흉통이 있는 경우 순환기내과
- 월경통, 월경 전 증후군, 기력 저하, 감정의 변화는 부인과

그렇다면 심리상담센터나 정신건강의학과부터 내원해야

하는 경우는 언제일까? 아래의 증상이 있다면 심리상담센터나 정신건강의학과부터 내원해야 한다. 만약 신체 증상과 함께 아래의 증상이 발현되었다면 두 곳을 병행해 검진을 받아도 좋다.

- 기력 저하 및 심한 집중력 저하
- 기억력 감퇴로 인한 실수 증가
- 불안감으로 갑자기 눈물이 나는 경우
- 알코올 섭취량이 늘어 술이 없으면 잠을 청하지 못하는 경우
- 심한 불안감과 초조함으로 정신적으로 힘든 경우
- 극심한 불면(뒤척임, 수면 도중 자주 깨는 등의 중도각성, 꿈으로 인해 잠을 자지 못함, 아침 일찍 눈이 떠져 다시 잠들지 못함, 아무리 많이 자도 가시지 않는 피로)
- 수많은 인파로 북적이는 지하철에서 공포감이 엄습하고 식은땀이나 호흡곤란, 가슴 두근거림을 느끼는 공황(가슴 두근거림이 심할 경우 만일의 경우를 대비해 순환기내과도 병행할 것)
- 세상에서 사라지고 싶은 강한 충동
- 뭘 해도 즐겁지 않고 우울함
- 평소에 잘 해내던 집안일이나 일상생활이 불가능할 정도로 무기력함

- 사람들이 날 싫어한다는 착각, 뒷담화를 한다는 망상, 누군가 날 감시하고 공격할지도 모른다는 공포감에 매일 사로잡혀 마음이 불안함
- 아무도 없는 곳에서 환청이 들림

※ 여러 과에서 치료를 병행하는 경우 반드시 병원에 이를 고지하고 복용하는 약에 대해 알려야 한다.

과긴장 증상이 상당히 진행된 상태임에도 의료기관에 방문하기를 주저하는 사람을 가끔 보곤 하는데 모든 병은 "조기 발견, 조기 치료"가 가장 중요하다. 아무리 가벼운 증상이라도 의사가 진료를 거부하는 경우는 없다. 만약 이런 의사가 있다면 즉시 병원을 바꿔야 한다.

특히 중등도 과긴장 증상이 발현됐을 경우 의사의 전문적 식견이 필요하다. 약의 부작용이 무서워 약을 먹는 걸 극단적으로 거부하는 사람도 있지만, 전문의의 지도 아래 조기에 필요한 약을 사용하면 증상 악화를 막을 수 있어 상당히 도움이 된다. 조기에 신속하게 증상이 개선되면 대부분은 투약 치료도 짧은 기간 내에 끝난다.

이 장에서 소개한 셀프케어를 따라 해보고 그래도 과긴장

증상에 차도가 보이지 않는다면 꼭 의료기관을 찾아 검진을 받아보길 권한다.

제4장

의사도 실천하는 과긴장 예방 습관

자율신경의 균형을 맞춰라

이 장의 주제는 과긴장 증상이 발현되지 않은 평소에 실천할 수 있는 "예방법"이다. 과긴장을 예방하기 위한 요령과 평소에 실천할 수 있는 습관에 관해 살펴보고자 한다. 따라서 제3장 "과긴장 증상을 자각했을 때 바로 해야 할 셀프케어"에서 소개한 내용과 다소 모순된다고 느끼는 부분이 있을지 모른다.

과긴장 증상이 나타났을 때는 몸과 마음의 자율신경 균형이 무너져 컨디션이 저조한 상태이므로 휴식을 통해 몸과 마음의 에너지를 보충하는 것이 먼저다. 심한 감기에 걸리면 운동이나 일을 쉬고 집에서 휴식을 취하는 것과 같다. 이 장에서는 평소에 할 수 있는 과긴장 예방법을 주제로 자율신경 훈련 이론에 관해서도 살펴보고자 한다. 모두 내가 직접 실천해보고 효과를 본 방법을 아침, 점심, 저녁으로 나눠 상황별로 소개해보겠다. 사람마다 라이프스타일과 체력, 체질에 차이가 있으므로 이 책에서 소개하는 방법들을 다 실천하긴 힘들 것이다. 일단 "내가 할 수 있는 것"부터 가볍게 시도하면서 일상생활에 적용해보자.

제1장에서 설명했듯이 과긴장이란 자율신경의 균형이 무너지면서 발생하는 심신의 문제이다. ON 모드를 관장하는 교감신경이 과도하게 흥분하며 OFF 모드를 관장하는 부교감신경의 활동을 저해하는 상태이다. 제2장에서 체크했듯이 성격이나 환경적 스트레스도 과긴장 유발과 깊은 관련이 있다.

수많은 스트레스가 존재하는 현대 사회를 살아가는 우리가 과긴장에서 완전히 자유롭기란 불가능에 가깝다. 그러나 일상생활에서 마음가짐이나 습관을 통해 "예방"은 할 수 있다. 평소에 자율신경을 케어하며 균형을 맞추는 습관을 실천하면 스트레스가 생겨도 자율신경 균형이 깨지는 걸 방지할 수 있다.

그렇다면 자율신경 균형을 맞추기 위해서는 무엇을 해야

할까? 핵심은 바로 "ON과 OFF의 적절한 전환"이다. 인간은 본래 주행성 동물이다. '해가 뜨면 활동을 시작하고, 해가 지면 휴식에 들어가고 잠을 자는' 자연의 흐름에 맞춰진 생체 리듬을 가지고 있다.

낮에는 교감신경이 활발하게 작용하고 우리의 활동도 ON 모드에 들어간다. 그리고 일몰과 함께 부교감신경이 교감신경으로부터 바통을 이어받아 OFF 모드로 전환되고 이완 모드에 들어간다.

그러나 안타깝게도 현대인은 과학기술의 발달과 함께 낮이고 밤이고 업무와 활동이 모두 가능한 환경을 손에 넣게 되었고, ON과 OFF 모드의 전환이 불명확해졌다. 활동 시간인 낮에 신체활동이 줄어들고 반대로 편안히 휴식을 취하며 잠에 들어야 할 밤에 낮 동안의 긴장이 그대로 유지되며 업무와 지적 활동을 이어가는 경우가 많아진 것이다.

이처럼 주행성 동물이 가진 본래 가진 생체 리듬에 역행하는 라이프스타일에 익숙해지니, 우리도 모르는 사이에 자율신경계에 부담을 주는 경우가 흔하다.

일단 본인의 생활을 아침에 눈뜰 때부터 밤에 잠들 때까지

 과긴장 예방을 위해서는 ON 모드와 OFF 모드의 적절한 전환이 중요합니다. 아침에 눈 뜨면 쏟아지는 햇빛을 보고, 아침 식사는 거르지 않고 챙겨 먹는 것이 좋습니다. OFF 모드인 저녁부터는 부교감신경으로 전환되도록 몸과 마음을 이완해봅시다.

체크해보고 가급적 생체 리듬에 맞춰 생활하면서 자율신경계의 교감신경과 부교감신경이 적절한 타이밍에 전환되도록 해보자.

아침에 ON 모드를 활성화하는 방법

인간은 아침에 일어나면서부터 ON 모드가 시작된다. 우리 몸의 교감신경에 스위치가 있다고 상상하고 그 스위치를 힘차게 올려보자. 활동을 하는 낮 동안 머리뿐 아니라 신체도 충분히 움직여야 저녁에 자연스럽게 OFF 모드로 전환할 수 있다.

방 안을 최대한 밝게 만들기

먼저 침실의 커튼을 걷고 마음껏 아침 햇살을 만끽해보자. 눈으로 들어온 아침 햇살은 뇌 시상하부의 시교차상핵(suprachiasmatic nucleus, SCN)에 도달해 불규칙한 생활로 균형이 깨지기 쉬운 체내 생체시계를 회복시켜준다. 시교차상핵에 있는 체내 생체시계는 자율신경계의 사령탑이라고도 할 수 있는 존재로, 시상하부 내에 위치한 자율신경계 중추에 신호를 보내 교감신경의 스위치를 ON으로 바꿔준다. 잠을 자는 동안에는 자율신경계의 부교감신경이 활성화되는 OFF 모드를 유지하고 있다가 아침 햇살을 기점으로 몸이 활동을 의미하는 ON 모드로 전환된다.

그리고 이때 신경전달물질인 세로토닌이 분비되기 시작하고, 14~15시간 후에 수면 호르몬인 멜라토닌 분비가 시작되도록 설정한다. 즉, 우리 몸이 OFF 모드로 전환하기 위한 시간 설정이 아침에 이루어지는 것이다. 이처럼 아침 햇살은 자율신경의 스위치를 전환하기 위해 매우 중요한 역할을 한다.

암막 커튼이나 두꺼운 커튼을 치고 잠을 잔다면 기상과 함께 바로 커튼을 완전히 열어야 한다. 흐리거나 비가 와도 밖에는 자율신경의 스위치를 전환하기 위한 충분한 빛이 존재한다. 침실에 창문이 없는 사람은 형광등의 조도를 밝혀 방 안을 최대한 밝게 만들어보자. 형광등의 빛은 아침 햇살과 동일한 파장을 지니고 있으므로 비슷한 효과를 볼 수 있다.

나는 아침에 알람이 울리면 커튼을 완전히 걷고 비가 아주 많이 오는 날이 아니면 여름이건 겨울이건 하루에 한 번은 창문을 열어둔다. 방 안에 신선한 아침 공기가 들어오면 크게 심호흡하며 그날의 온도와 날씨도 확인할 겸 하늘을 올려다본다. 아침의 신선한 공기를 들이마시며 하늘을 바라보는 것만으로도 기분이 좋아지고 졸음이 남아 있던 머릿속도 맑아진다.

세수와 스킨케어로 졸음 쫓아내기

아침에 일어나도 졸음이 가시지 않아 멍하니 거실로 나오곤 하지 않는가? 아침 식사를 챙겨 먹는 건 아침의 자율신경 케어를 위해 빼놓을 수 없는 '중요한 요소'이다. 하지만 잠이 덜 깬 상태의 몸으로는 '입맛이 없다'라는 사람도 적지 않다. 일단은 빨리 졸음을 깨고 신체에 ON 스위치를 켜줘야 한다.

먼저 세면대로 가서 세수를 하자. 세안 후 스킨케어를 간단히 마치면 우리 뇌의 각성도가 더욱 올라간다. 좋아하는 향수나 발림성이 좋은 로션을 얼굴과 목에 흡수시키면 기분이 상쾌해지는 효과를 기대할 수도 있고, 이 일련의 동작이 졸음을 쫓아낸다.

최근에는 남성 중에도 화장을 하는 사람들이 늘고 있어 화장품 매장에 남성용 스킨케어 용품이 다수 진열되어 있다. 지금까지는 아침 스킨케어가 어색했던 사람이라도 ON 모드를 활성화하기 위해 꼭 세안 후 스킨케어를 해보자.

간단한 스트레칭으로 혈액을 순환시키자

라디오 체조(일본의 라디오 채널을 통해 누구나 따라 할 수 있는 맨손체조 프로그램_편집자 주)로 대표되는 간단한 기본 동작도 아침 자율신경 케어에 매우 도움이 된다.

잠이 덜 깬 아침에 격하고 복잡한 동작이 포함된 체조를 할 필요는 없다. 간단한 스트레칭으로 천천히 몸을 깨우며 음악에 맞춰 몸을 움직이다 보면 체온과 맥박이 서서히 올라가며 혈액순환이 좋아지고 우리 몸은 ON 모드로 완벽히 전환된다. 요가나 필라테스를 즐기는 사람은 간단한 동작을 몇 가지 외워두었다가 평소에 틈틈이 실천해보는 것도 좋다.

나는 약 20년간 거의 매일 아침 식사를 하기 전에 약 5분 정도 라디오 체조를 실천해왔다. 라디오 체조를 하면 졸음이 달아나고 머리가 맑아진다. 또, 상반신 위주 동작이 많아 오십견이나 어깨 결림을 예방하기에도 좋다. 나는 삼십 대 때부터 아침에 라디오 체조를 하기 시작했으므로 평범한 라디오 체조로는 살짝 부족한 감이 있어 좀 더 속도를 빠르게 하고 동작을 크게 따라한다. 하늘을 향해 팔을 뻗고 허벅지를 높게 들어 올리는 동작들로 구성되어 있어 겨울에도 효율적으로 호흡수와 체온을 올려주고 몸을 따뜻하게 유지해준다. 동시에 기분 좋을 정도의 식욕을 만들어줘 아침 식사가 더욱 맛있게 느껴진다.

생체시계를 깨우는 아침 식사

아침의 ON 모드 활성화에 중요한 요소 중 하나가 바로 아침 식사이다. 자는 동안에 우리 몸은 완전한 OFF 모드에 빠져 체온과 맥박을 떨어트린다. 또, 저녁을 먹은 후부터 아침이 될 때까지 많은 시간이 경과되기 때문에 혈당이 떨어지고 탈수 현상이 일어난다. 기상 후 우리 몸과 뇌는 에너지가 완전 바닥 난 상태인 것이다. 이 상태로 하루 활동을 시작하면 당연히 활력과 기력, 행동력이 저하될 수밖에 없다.

최근 연구에 따르면 앞서 언급한 아침 햇살뿐 아니라 아침 식사를 챙겨 먹는 습관은 우리 몸을 자극해 체내 생체시계 회복에 도움을 준다고 한다. 뇌의 시교차상핵에 있는 체내 생체시계는 우리 몸에서 가장 핵심적인 역할을 한다.

이 외에도 체내에는 말초시계라 불리는 체내 생체시계가 간, 위장, 폐 등에 분포되어 있는데, 이 말초시계는 아침 식사를 통해 회복된다. 이들 체내 생체시계는 자율신경계 균형을 맞추는 역할을 하므로 과긴장 예방을 위해 아침 식사가 얼마나 중요한지 알 수 있다.

아침 식사를 챙겨 먹으면 혈당이 올라가고 뇌의 각성도 함께 올라간다. 체온이 올라가면 활동 모드 스위치는 완벽하게 ON으로 전환된다. 현재까지의 다양한 연구를 통해 자율신경의 불균형 외에도 아침 식사를 거를 때 나타날 수 있는 리스크가 밝혀지고 있다. 간략하게 요약하면 다음과 같다.

- 집중력, 기억력 저하로 일상생활 활력 저하
- 쉽게 초조해지고 불안해져 정신적 불안정 심화
- 급격한 혈당 변화로 인해 비만에 노출(나아가 당뇨병 위험성 증가)
- 근육량 감소
- 고혈압 위험성 증가, 뇌졸중(뇌출혈 및 뇌경색) 발생 위

험성 증가
- 영양 부족으로 인한 골다공증 및 노화 촉진

아침 식사를 거르는 사람 중에는 전날 저녁 식사를 늦게 하고 다음 날 소화불량 증상을 보이는 사람이 압도적으로 많다. 저녁 식사 시간부터 아침 식사를 할 때까지는 10~12시간 정도 공복인 상태가 이상적이다.

아침 7시에 기상하는 사람은 늦어도 저녁 9시까지는 저녁 식사를 끝내보자. 야근으로 퇴근이 늦는 경우 오후 7시 정도에는 삼각김밥이나 샌드위치 등 탄수화물을 섭취하고, 집에 돌아와 신선한 단백질이나 채소만 가볍게 섭취하는 "소식법"을 실천하면 아침에 소화불량을 막을 수 있다.

오랫동안 습관으로 굳어져 아침을 거르는 사람은 아래의 "당분과 단백질이 포함된 음료"부터 시작해보자.

- 우유나 두유(부담스럽다면 카페오레나 홍차오레도 OK)
- 바나나 스무디 혹은 요거트 드링크
- 위다인 젤리(편집부 주: 2018년부터 "in 젤리"로 상품명 변경)(일본의 젤리회사에서 출시한 에너지 젤리-옮긴이) 혹은 종합 영양 음료 등

이런 음료에 익숙해지면 건더기가 있는 식사를 조금씩 추가해보자. 메뉴 구성 요령은 극히 소량이라도 단백질과 비타민, 미네랄과 탄수화물이 포함된 식품으로 구성하는 것이다. 제3장 "과긴장이 왔을 때 무엇을 먹어야 할까?"(119~123쪽)에서 영양소에 관해 살펴보았으므로 이를 참고하길 바란다.

- 바나나와 요구르트, 카페오레
- 우유(두유)와 시리얼, 귤
- 삼각김밥과 된장국, 삶은 달걀(구운 달걀도 OK)

여기에도 익숙해졌다면 다음에 나오는 대로 채소와 유제품, 대두 제품을 추가해 다양한 종류의 식품으로 구성해 영양소를 강화해보자.

- 제철 과일과 요구르트, 삶은 달걀, 토스트, 두유 또는 아몬드 우유
- 햄 에그, 샐러드, 토스트, 카페오레
- 밥, 달걀프라이, 낫토, 채소, 채소 듬뿍 된장국 등

나는 오랜 기간 제철 과일을 플레인 요거트와 함께 먹거나 두유 카페오레, 스크램블드에그 혹은 달걀프라이 등의 달

걀 요리, 토스트를 곁들인 아침 식사를 유지하고 있다. 아침 식사를 거를 때는 오직 건강검진을 할 때뿐이다. 그런 날은 몸이 아침부터 차고 검진이 끝날 때까지 머리가 무겁고 나른하다. 아침 식사를 거르는 날엔 이렇게 컨디션이 다르다는 걸 매번 절감한다.

혹 아침 식사를 거르는 습관이 있다면 과긴장 예방뿐 아니라 몸과 마음 전체의 건강을 위해서도 이제는 조금씩 챙겨 먹는 습관을 들여보자.

출퇴근 시간 활용해 운동하기

하루 중 ON 타임에는 머리를 쓰는 지적 활동뿐 아니라 몸의 근육을 움직이는 신체활동도 균형 있게 챙기는 것이 중요하다. 과긴장의 대표적인 증상으로 "자기 전에 걱정거리가 머릿속에 떠올라 뒤척이는 증상"을 호소하는 사람이 많은데 이런 증상은 정신적 피로에 비해 육체적 피로가 별로 없는 사람에게 쉽게 발생하는 증상이다.

PC로 하는 사무 작업 등 주로 지적 노동을 하는 업종에 종사하는 사람은 운동이 부족하기 쉬워 육체적 피로와 정신적 피로의 균형이 무너지기 쉽다. 그 결과 밤이 되어도 좀처럼 정신적 긴장과 흥분이 가라앉지 않는 상태가 지속되곤 한다. 하루 종일 부지런히 몸을 움직이면 어느 정도 피로가 쌓이기 때문에 약간의 걱정거리 정도는 졸음으로 쫓을 수 있다.

그렇지만 현실적으로 평일에 운동할 시간을 일부러 만들기 힘든 사람이 대부분이다. 그래서 출퇴근 시간을 효율적으로 이용해 운동하는 시간으로 활용하기를 제안한다. 대부분 사람들이 지하철이나 버스 등 대중교통으로 출퇴근한다고 가정하면, 역까지 걸을 때 빠른 걸음으로 경보하듯 걸어보자. 조금 숨이 찰 정도의 속도로 걸으면 조깅과 동일한 운동 효과를 얻을 수 있다.

자전거를 이용하는 경우 전기 자전거는 되도록 멀리하고, 목적지 5분 전쯤에 자전거를 세워두고 걸어보기 등 운동량을 늘릴 수 있는 방법을 찾다 보면 운동 강도도 자연스레 올라갈 것이다. 역은 계단 오르내리기라는 훌륭한 운동을 할 수 있는 장소이다. 에스컬레이터나 엘리베이터는 잠이 덜 깬 아침을 제외하고는 되도록 이용하지 말고, 계단 오르내리기를 해보자.

WHO(세계보건기구)의 "좌식 행동 및 신체활동 가이드라인"에 따르면 몸과 마음의 건강을 위해 성인의 경우 일주일에 150~300분, 중간 강도의 유산소운동(워킹이나 사이클 등)을 권장하고 있다(러닝이나 수영처럼 고강도 유산소운동은 주 75~150분). 이 가이드라인에서는 유산소운동을 지속하면 심장병 및 당뇨병, 암 예방은 물론 우울증이나 불안장애 등의 증상을 경감하고, 사고력, 학습능력, 전반적인 행복감을 고양한다고 한다.

이러한 유산소운동은 꼭 시간을 정해두고 한 번에 할 필요는 없고, 10분 정도씩 짧은 시간이라도 여러 번에 걸쳐 진행하면 강도 높은 운동을 하는 사람과 비슷한 효과를 얻을 수 있다.

참고로 중간 강도의 유산소운동에는 걷기나 사이클링뿐 아니라 청소나 육아 등 신체를 사용하는 집안일도 포함된다. 아침과 저녁에 출퇴근을 이용해 유산소운동을 편도 10분씩 하고, 주말인 토요일에 30분씩 산책을 겸해 장을 보거나 청소나 정원 손질만 해도 쉽게 WHO의 기준을 충족할 수 있다.

그러나 대중교통 대신 자차를 이용하는 사람이나 재택근무를 하는 사람은 출퇴근 시간이라는 귀중한 운동 시간을 확보할 수 없으므로 일부러 시간을 내어 걷기나 사이클 등의 운동 시간을 확보해야 한다. 아침과 저녁에 출퇴근한다고 가정하고 역까지 걷거나 근처 공원까지 점심시간을 이용해 걸어보기도 하고, 장을 보러 가서 쇼핑센터의 계단을 오르락내리락하는 등 여러 방법으로 유산소운동 시간을 확보해보길 바란다.

점심 이후 ON 모드를 유지하는 방법

아침에 눈을 뜬 후 ON 모드 활성화로 활동 모드에 스위치가 켜지면, 집중력과 행동력이 눈에 띄게 올라가 오전 중엔 눈 깜짝할 새에 업무를 해치운다. 그리고 점심시간이 되면 겨우 한숨을 돌린다. 잠깐 일손을 놓고 달콤한 휴식을 즐긴 후엔 다시 몸과 마음을 ON 모드로 만들어 업무와 활동을 재개한다.

점심시간 이후부터 퇴근할 때까지는 저녁의 OFF 모드로 전환하기 위한 중요한 시간이기도 하다. OFF 모드로 자연스럽게 전환할 수 있도록 ON 모드의 후반전을 잘 보내는 요령을 살펴보자.

식후 졸음과 나른함 예방하기

점심시간은 오전 업무의 긴장감과 피곤을 해소하기 위한 잠깐의 휴식 타임이다. 오전부터 ON 모드를 활성화해 교감신경의 작용이 활발해진 상태에서 부교감신경으로 잠깐 전환해 몸과 마음의 긴장을 풀어줌으로써 점심을 더 맛있게 즐길 수 있다.

자율신경의 균형을 맞추기 위해 지켜야 할 점심시간 이용의 핵심은 "너무 긴장을 풀지 말 것"이다. 아침 일찍 일어나 ON 모드로 교감신경이 활발해진 몸과 마음에 긴장을 너무 풀어주면 오후부터는 다시 활동 모드로 시동을 걸기 힘들어진다. 그러므로 지나치게 긴장이 풀리지 않도록 하기 위해 신경 써야 하는 것이 식사량과 식사의 내용이다.

일단 점심은 기본적으로 정량의 70~80퍼센트 정도를 채운다는 생각을 갖고, 결코 과식하지 않도록 해야 한다. 포만감이 느껴질 때까지 먹으면 음식물 소화를 위해 위장에 혈류가 집중되어 머리가 멍해지기 쉽고, 이 멍한 느낌은 오후부터 졸음과 나른함의 원인으로 작용한다.

사무실 밀집 지역의 식당이나 카페에 가면 점심 특선 메뉴도 마련해두는데, 꽤 양이 많고 고칼로리 메뉴도 있다. 오후에 업무상 장거리를 걸을 예정이거나, 체력을 요구하는 일에 종사하는 사람이 아니라면, 점심에는 "가벼운 메뉴"를 선택하길 추천한다. 특히 탄수화물이 다량 포함된 덮밥이나 면류는 과식하면 혈당 수치를 급격히 올렸다가 다시 급격히 떨어뜨리는데, 이때 강한 졸음이 찾아온다.

이와 반대로 혈당을 올리지 않으면서 허기짐을 해소해주는 음식은 육류와 어류, 달걀 등 동물성 단백질이다. 그러므로 점심 메뉴는 육류, 어류, 달걀 등의 적절한 동물성 단백질과 채소가 포함된 정식 메뉴로 하되, 밥과 빵 등 탄수화물의 양은 최소한으로 섭취해 위장의 70~80퍼센트가 찰 때쯤 수저를 내려놓으면 좋다. 이때 커피, 홍차 등 카페인이 함유된 음료를 마시면 식후의 졸음을 쫓을 수 있다.

똑똑한 낮잠 활용으로 오후의 뇌를 깨우자

아무리 점심을 가볍게 먹었다 해도 정오가 지나면 슬슬 졸음이 엄습한다. 실은 우리 몸의 체내시계는 오후 2~4시 정도가 되면 졸음을 느끼도록 설정되어 있다는 사실이 연구를 통해 밝혀졌다. 다만 이때의 졸음은 밤에 느끼는 강한 수면욕이 아니어서 '간헐적인 하품과 머리가 멍한 정도'로 지나가는 사람이 많다. 카페인에 딱히 거부감이 없어 밤에 잠을 잘 자는 사람은 앞서 말한 점심 식사량의 조절과 카페인 섭취가 졸음을 물리치는 데 도움을 줘서 오후에 졸지 않고 별 무리 없이 업무에 임할 수 있다. 나 또한 오후부터 일정이 있을 때는 항상 점심을 정량의 70퍼센트 이하로 절제하고, 탄수화물만으로 구성된 식사는 피하려고 노력하기 때문에 오후 업무도 차질 없이 잘 처리하고 있다.

그러나 전날 밤새 뒤척여 수면의 양이 부족하거나, 과긴장 증상인 얕은 잠으로 수면의 질이 떨어진 경우에는 다음 날 점심 식사 후 심한 졸음이 밀려와 참기 힘든 경우가 있다. 만약 여러분이 매번 점심 식사 후 낮잠을 잘 정도로 심한 졸음을 느낀다면 특정 원인으로 인한 수면 부족이거나 또는 점심 식사 방법에 문제가 있을 가능성이 있다.

점심 식사 후 낮잠을 자야 할 정도의 심한 졸음이 찾아오면 졸음을 필사적으로 참았다 하더라도 머리가 멍해 업무상 실수를 하거나 회의나 업무 미팅처럼 중요한 비즈니스 상황에서 분위기에 맞지 않는 실언을 할 위험이 커진다. 만약 이런 상태라면 반드시 "10~20분 짧은 낮잠 시간"을 가져야 한다. 오전부터 오후 3시 사이의 짧은 낮잠은 파워 냅(Power Nap·활력을 주는 짧은 낮잠-옮긴이 주)이라 하는데,

이 파워냅이 피로를 해소해 집중력과 작업 능력을 높여준다는 연구결과가 있다. 직장인은 점심시간을 활용해 짧은 낮잠을 자면 오후에 밀려오는 졸음으로 업무 능률이 떨어지는 상황을 방지할 수 있다.

다만, 30분 이상의 낮잠은 금물이다. 30분 이상의 가수면을 취하면 깊은 수면에 빠지기 때문에 잠에서 깨도 머리가 멍하고, 피로감과 나른함이 한층 심해지는 파워 다운냅(Power down nap)으로 전락해버릴 수 있다. 또, 밤 수면에도 악영향을 미쳐 정작 잠을 자야 할 시간에 잠이 오지 않을 수 있다. 성인이 낮잠을 30분 이상 자는 건 컨디션이 좋지 않을 때를 제외하고는 피해야 한다.

낮잠은 어디까지나 뇌의 일시적인 피로 해소에 지나지 않으므로 낮잠으로 수면을 보충할 수는 없다. 만약 지속적인 수면 부족으로 힘들다면 밤에 충분한 연속 수면으로 수면을 보충해보길 바란다.

오후부터는 카페인을 피하자

카페인은 체내에 흡수되면 약 4~6시간은 각성 효과가 지속된다. 체질이나 컨디션에 따라서는 8시간 이상 지속되는 경우도 있다는 연구 결과도 있다. 따라서 과긴장 증상이 나타났다면, 오후부터 카페인 섭취는 피하는 게 좋다.

현재 과긴장 증상이 없다면 수면 리듬을 방해하지 않는 선에서 카페인을 즐기는 건 문제가 되지 않는다. 카페인에 특히 취약한 사람이 아니라면 잠자리에 들기 5~6시간 전까지는 카페인을 섭취해도 된다. 오후 11시에 잠자리에 드는 사람이라면 오후 5~6시까지는 괜찮다. 이 시간 이후에는 밤에 교감신경이 부교감신경으로 원활하게 전환되어 깊은 숙면에 들어가야 하므로 OFF 모드 활성화를 위해 카페인 섭취는 가급적 피하자.

거듭 말하지만, 카페인은 커피 외에 홍차, 코코아, 녹차, 호지차, 우롱차에도 들어 있다. 에너지 드링크나 영양 음료에도 포함된 경우가 종종 있다. 카페인이 잘 받는 사람은 자기 전에 커피를 마셔도 수면에 문제가 없지만, 그렇지 않은 경우 카페인이 체내에 남아 있으면 얕은 수면으로 피로 해소의 효과가 떨어지므로 피하도록 하자.

걱정거리나 불안은 주변에 보고하고, 연락하고, 상담하자
과긴장에 취약한 사람의 공통점은 "집에 돌아와도 낮에

있었던 업무나 인간관계에 관한 걱정을 떨치지 못하는 성격"이다. 낮 동안 진행했던 업무 관련 사항이나 인간관계에서의 사소한 트러블이 퇴근 후 걱정과 불안으로 눈덩이처럼 불어나 머릿속에서 떠나지 않아 쉽게 잠을 이루지 못한다. 그러므로 걱정거리나 인간관계와 관련된 문제는 낮 동안에 믿을 수 있는 사람에게 보고하고, 연락하고, 상담하도록 하자.

'말해봤자 해결 방법도 없을 텐데, 뭐.'
'아직 확실한 것도 아니니 묻어두자.'

이런 식으로 혼자 마음속에 담아두지 말고, 상사나 동료에게 마음을 터놓고 상담하다 보면 기분이 한결 가벼워지고, 밤에 수월하게 잠에 들 수 있다.

특히 경험이 적은 젊은 사람이나, 업종을 바꿔 새로운 일에 뛰어든 사람이라면 "빠르게 보고하고, 연락하고, 상담하기"를 꼭 명심하자. 과긴장이 심해져 정신적 부하가 심한 직원과 상담을 해보면 "바쁠 것 같아서 상사나 선배에게 상담하지 못했다."거나 모르는 내용이나 걱정거리를 혼자 끙끙 앓다 불면증에 걸렸다는 사람과 종종 만나곤 한다. 그러나 걱정이나 불안의 "싹"이 돋아났을 때 최대한 초기에 보고하고, 연락하고, 상담하여 "싹"이 자라기 전에 대처법과 해결책을 찾아 마음의 평안을 찾는 경우도 종종 있으니, 혼자 고민하지 말고 상의해보자.

다만 상사가 유난히 걱정이 많고, 부정적이라 상담을 요청하면 오히려 걱정과 불안을 가중시키는 경우라면 상사 외에 마음을 터놓을 수 있는 사람을 찾아보길 바란다.

나는 독립해 개인 사업장을 차려 산업보건의로 일하고 있는데, 직장에서 상담을 요청할 상사나 선배가 없으므로 개인적인 인맥 중에 전문가나 믿을 수 있는 지인에게 도움을 구한다. "불안이나 걱정거리가 생기면 가능한 한 초기에 주변에 상담하기"를 마음에 새기고 있다. 내가 필요한 날 직접 만나 상담이 불가능한 경우도 많은데, 이런 때에는 메일을 보내두는 것만으로도 그날 밤의 안심감은 이루 말할 수 없다.

밤에 OFF 모드를 활성화를 위해서도 그날 있었던 걱정과 불안은 최대한 그날 중에 해결하거나, 해결이 불가능하더라도 할 수 있는 모든 조치를 취해두자.

# 해가 지면 모드를 전환하자

일이 끝나고, 퇴근할 시간이 되면 드디어 본격적으로 OFF 모드 활성화 시간이 시작된다. 인간에게는 해가 지면 활동을 마무리하고, 저녁 이후에는 교감신경을 대신해 부교감신경이 활성화되면서 몸과 마음이 휴식 모드로 전환하고 깊은 잠에 빠지게 하는 체내시계가 존재한다.

그러나 현대사회에는 우리 몸이 부교감신경으로 전환되는 걸 방해하는 요소가 산적해 있어 밤이 되어도 ON 모드를 지속하려는 유혹으로 가득하다. 따라서 일부러 OFF 모드로 전환하려는 노력이 필요하다. 내가 실천하는 OFF 모드 활성화 방법을 정리해두었으니 꼭 생활에 적용해보길 바란다.

집에 돌아오기 전까지 적절히 피로 축적하기

아침의 ON 모드 활성화 파트에서 유산소운동의 중요성에 관해 이야기했는데, 실은 저녁의 OFF 모드 활성화에도 유산소운동을 추천한다. 낮 동안 몸을 거의 움직이지 않고 주로 앉아만 있는 사무직의 경우 정신적인 피로와 신체적 피로의 불균형이 발생하기 쉽다. 그러면 "정신적으로는 피곤한데 몸은 쌩쌩해서 밤이 되어도 쉽게 잠이 오지 않아 뜬눈으로 밤을 지새우는" 악순환에 빠지기 쉽다. (특히, 재택근무를 하는 사람은 심각한 운동 부족에 빠질 수 있으므로 주의가 필요하다.)

이럴 때 퇴근 후 집에 도착할 때까지 되도록 20~30분 정도 거리를 걸어 신체적으로도 적절한 피로를 축적해보자. 예를 들어, 한 정거장 전에 내려서 걸어본다든지, 집에 가는 길을 일부러 멀찍이 돌아서 걸어보는 등 무리하지 않고 피로를 축적하는 방법도 있다. 출퇴근이 따로 없는 재택근무자의 경우에도 저녁 식사 전에 장을 볼 겸 조금 떨어진 마트까지 걸어가 마트를 돌며 피로를 축적하는 등 간단히 유산소운동을 대체할 방법이 있다.

수면의학 관점에서 체온이 올라가는 오후부터 저녁 7시까지는 강도 높은 운동을 하기 좋은 시간이다. 컨디션이 좋고, 체력도 좋은 사람은 퇴근길에 헬스장이나 수영장, 골프 연습장에 들러 취미 삼아 운동을 즐겨도 좋다. 오후 3시부터 7시 정도 사이에 운동으로 체온을 충분히 올려두면 밤에 잠들기 훨씬 수월하다는 걸 느낄 것이다.

물론 영업직이나 업무상 행사로 하루 종일 걷는 양이 많은 사람, 신체활동이 많은 일을 하는 사람은 무리해서 일부러 운동할 필요는 없으므로 본인의 하루 운동량을 고려해 이 시간대를 어떻게 보낼지 판단해보길 바란다.

저녁은 천천히 음미하며 휴식처럼

일반적으로 하루 세 끼 중 저녁을 가장 포만감 있게 먹는 사람이 많다. 하루 종일 일에 시달리느라 아침과 점심은 간단히 해치우고, 저녁에 여러 가지 반찬을 꺼내 칼로리와 영양을 골고루 섭취하려는 것이다.

즉, 회사원에게 저녁은 가장 중요한 영양소 섭취원이며 가장 마음 편하게 즐길 수 있는 시간이기도 하다. 이 저녁 식사를 기점으로 본격적인 OFF 모드가 시작된다 해도 과언이 아니다. 이후 자연스럽게 모드를 전환해 최종적으로 "질 좋은 깊은 수면"으로 이어지게 하기 위해서 저녁 식사 시간에 스위치를 확실히 OFF 모드로 바꾸는 것이 매우 중요한 포인트다. 하루 종일 열심히 일한 교감신경에 휴식을 주고 부교감신경을 활성화하기 위해 아래 사항을 고려해보자.

먼저 저녁 시간엔 되도록 긴장감을 느낄 만한 상황은 피하고 마음 편한 가족이나 친구와 단란하게 즐겨보자. 혼자 식사를 하더라도 분위기 좋은 음악을 틀어두고 편하게 이완하며 평온한 기분으로 식사를 즐겨보자.

업무 관련 자료를 보며 식사하면 OFF 모드 활성화 노력이 수포로 돌아간다. 심신이 OFF 모드로 전환되는 걸 방해하고, 위장에서도 식사를 제대로 소화 흡수시키지 못한다. 간혹 저녁 식사에서 거래처의 비위를 맞추기 위해 접대를 해야 하는 경우도 있겠지만 기본적으로 "긴장감을 느끼는 시간"을 연속해서 만들지 않도록 유념하자.

저녁 식사 메뉴는 당연히 "영양의 균형"을 고려해서 몸의 세포 하나하나에 양질의 에너지를 전달할 수 있는 메뉴를 고르는 게 좋다. 자세한 내용은 제3장 "과긴장이 왔을 때 무엇을 먹어야 할까?"(119~123쪽)를 참고하길 바란다. 단백질(육류, 어류, 달걀, 대두)과 비타민·미네랄(채소, 해조류, 과일), 탄수화물(밥, 빵, 면 등) 세 종류의 영양소 그룹 중 그날 먹고 싶은 식재료를 균형 있게 선택해 몸과 마음에 건강한 식단을 챙겨 먹도록 하자.

건강에 특별히 문제가 없는 사람이라면 적당한 알코올 섭취도 괜찮다. 알코올은 혈류의 흐름을 도와 근육을 이완하는 효과가 있어 저녁 식사 때 반주로 적당히 즐기는 정도라면 OFF 모드 활성화에 도움이 된다. 알코올의 적당량이란 "자기 전까지 체내에서 분해되어 흡수되는 알코올의 양"을 말한다.

알코올이 체내에 남아 있으면 깊이 잠들지 못해 수면의 질이 나빠지고 피로 해소를 방해한다고 알려져 있다. 대략 3~4시간이면 흡수되는 알코올의 적정량(순수 알코올)은 체중 60kg인 남성 기준으로 약 20g정도이다. 따라서 오후 7시쯤 저녁 식사와 함께 반주를 곁들여 오후 11시쯤에는 알코올이 체내에 흡수되기 위해서는 20g 내외로 알코올을 조절해야 한다. 20g을 일반적인 알코올 음료로 환산하면 다음과 같다.

- 맥주(알코올 도수 5퍼센트) 500㎖
- 소주(알코올 도수 25퍼센트) 0.6병(110㎖)

- 와인(알코올 도수 14퍼센트) 180㎖(글라스 2잔)
- 사케(알코올 도수 15퍼센트) 1병(1,800㎖)
- 칵테일(알코올 도수 5퍼센트) 500㎖
- 위스키(알코올 도수 43퍼센트) 60㎖(더블 1잔)

체형이 작은 여성이나 고령자는 이보다 더 적은 양을 섭취해야 3~4시간 동안 체내에 흡수된다. 기준은 앞에 나온 알코올 양의 절반(순수 알코올 10g) 수준이라 생각하면 된다. 음주를 즐기는 사람의 입장에서 좀 적다고 생각할지 모르지만 다음 날 출근해야 하는 평일에는 자면서 충분히 피로가 해소되도록 양을 절제하는 것이 좋다.

음주를 즐기지 않는 경우에도 저녁 식사는 잠자리에 들기 3시간 전까지 끝내도록 하자. 3시간이 어렵다면 적어도 2시간 전에는 식사를 끝내는 것이 좋다.

저녁 식사로 먹은 음식물을 소화하기 위해서는 평균적으로 2~3시간 정도가 걸린다(기름기가 많은 음식은 4~5시간). 위장에 음식물이 남은 상태로 잠을 자면 위장이 활발하게 움직여 수면을 방해한다. 수면의 질이 떨어지면 아침에 일어나도 심신의 피로가 풀리지 않고, 수면을 통한 OFF 모드 활성화의 효과가 반감된다. 뿐만 아니라 위 속에 음식물이 남은 상태로 잠에 들면 역류성 식도염이나 더부룩함의 원인으로 작용해 중요한 ON 모드 활성화 시간인 아침 식사를 제대로 즐기기 힘들게 만든다.

야근 등으로 퇴근이 늦는 사람에게는 "분할 섭취"를 추천한다. 오후 7시쯤까지 주먹밥이나 샌드위치 등 탄수화물(주식)을 먹고, 집에 돌아와 소화가 잘 되고 지방이 적은 가벼운 단백질이나 채소로만 구성된 식단으로 정량의 70퍼센트 정도 가볍게 섭취하는 것이다.

예를 들어, 붉은 고기나 닭가슴살과 채소를 얹은 샐러드나 채소와 고기를 넣은 수프 등은 한 가지 요리만으로 채소와 단백질을 골고루 섭취할 수 있어 이상적이다. 이밖에 두부요리나 생선요리, 생선구이 등의 메인 반찬과 나물무침, 데친 채소 등을 함께 곁들여 먹어도 좋다.

이완 활동으로 양질의 수면 준비하기

저녁 식사 후 확실하게 OFF 모드로 스위치를 전환했다면 이후엔 OFF 모드를 이상적인 상태로 유지하려는 노력을 기울여야 한다. 업무를 처리하기 위해 PC를 켜거나 업무 자료를 펼치는 것은 가급적 피하고, 오늘 꼭 해치워야 하는 집안일은 식기세척기 등의 가전을 최대한 활용해서 간단하게 끝내자. 그런 다음 본인이 좋아하는 활동으로 이완하며 편안한 기분을 즐겨보자.

이완 활동이란 제3장에서 설명했듯이 "호흡을 가다듬고, 전신의 긴장을 풀어주는 활동"을 말한다. 3장에서 소개한 내용 중 "밤에 집에서 간단히 할 수 있는 활동"을 참고해서 본인만의 이완 활동을 즐겨보면 좋겠다.

참고로 내가 저녁 식사 후 자주 하는 이완 활동은 소파에 편하게 누워 보리차나 허브티를 한 손에 들고, 가족과 전부터 보려고 아껴 둔 드라마나 야구 중계를 한두 시간 정도 즐기거나, 패션 잡지나 사이트를 여유롭게 보는 일이다. 어깨 결림이 심한 날에는 휴대용 마사지기로 어깨와 등을 풀어주거나 간단한 스트레칭으로 근육의 긴장을 풀어줄 때도 있다(밤에 숨이 찰 정도의 운동은 교감신경을 활성화하므로 추천하지 않지만, 스트레칭이나 요가처럼 기분 좋게 근육을 풀어주는 활동은 추천한다).

목욕은 평소에 좋아하는 입욕제를 넣고, 욕조에 몸을 푹 담그며 즐기는데 퇴근이 늦어 잠자리에 들기까지 시간이 얼마 남지 않은 날이나 컨디션이 좋지 않을 때는 간단하게 샤워만으로 끝낼 때도 있다. 목욕할 때마다 욕조에 들어간다면 중요한 수면 시간에 지장을 줄 수도 있어 입욕 시간은 그때그때 상황에 맞춰 조절하자.

10년쯤 전에는 페이스북이 유행이어서 잠들기 전 페이스북을 둘러보는 게 습관인 적도 있었는데, 지금은 완전히 끊었다. 왜냐하면 SNS로 지인이 올린 게시물을 보거나 내가 올린 게시물에 신경 쓰이는 댓글이 달리면 불쾌하고 나아가 불안한 마음까지 들어 편안한 기분이 엉망이 돼버리곤 했기 때문이다.

SNS상으로 친하지 않은 지인과 얕은 인간관계를 이어가도 전혀 나한테 도움이 되는 일이 없다는 걸 알게 된 후부터는 SNS는 정보 수집 목적으로만 낮 동안 잠깐 살펴보는 정도로 끝낸다.

만약 본인이 SNS를 자주 하는 편이라면 피드를 올리거나 댓글로 커뮤니케이션하는 활동은 가능하면 낮 동안에 끝내길 강력히 추천한다. 잠들기 전 친하지 않은 지인과 댓글을 주고받는 건 이완을 방해하기 때문이다. 대전형 혹은 과금형 게임도 모두 긴장을 고조시키므로 저녁 이후에는 피하는 것이 좋다.

OFF 모드 활성화의 최종 마무리는 푹 자는 것

저녁 식사 이후 가족들과 단란한 시간을 보내거나, 혼자 편안히 욕조에 몸을 담그며 이완하는 시간을 보내다 보면 분명 밤 11~12시쯤에는 자연스럽게 졸음이 몰려올 것이다. 그럼 이제 침실로 들어가 궁극의 OFF 활동인 수면을 본격적으로 시작해보자. 양질의 수면을 확보하는 요령은 제3장 "무조건 수면 시간 확보하기"(94~116쪽)에서 자세히 설명해두었다. 본인의 취향에 잘 맞는 침구를 골라 편안한 잠의 세계로 빠져보자.

6~7시간 정도 양질의 수면으로 통잠을 자면 몸과 마음의 긴장이 최대로 풀리고 피로가 해소된다. 수면은 몸과 마음의 피로를 해소하고 다음 날의 에너지를 충전하기 위해 가장 중요한 활동이다. 자는 동안 뇌에서 일어나는 피로 해소 활동은 여러 가지가 있는데, 대표적인 활동은 다음과 같다.

**"몸의 피로를 해소할 뿐 아니라
신체 조직 중 손상된 부분을 회복하는 기능까지"**
갓 잠이 들면 우리 몸에서는 성장 호르몬이 분비되어 세포의 피로 해소와 재생을 돕는다. 상처가 나거나 질병에 걸렸을 때 "충분히 수면을 취할 것"이라 조언하는 것은 이런 피로 해소와 재생 효과를 최대한 끌어올리기 위함이다. 또, 피부의 재생과 신진대사 활동도 성장 호르몬이 주로 담당하는 기능이므로 잠을 충분히 자지 못하면 피부질환이나 아토피가 악화하기도 한다. 수면을 관장하는 호르몬인 멜라토닌도 잠들기 시작할 때 분비량이 늘어나는데 멜라토닌에는 항산화 작용이 있어 암이나 노화를 억제하는 효과가 있는 것으로도 알려져 있다.

"전신 근육의 긴장이 풀리고, 맥박과 호흡 속도가 느려지며 체온과 혈압도 낮아져 전신 이완도 최고조 상태"

수면으로 우리의 몸은 궁극의 이완 상태에 빠져든다. 즉, OFF 모드 활성화의 최고조라 할 수 있다. 잠이 부족하면 어깨 결림이나 목의 통증이 심해져 온몸의 근육이 딱딱해지고 두통이나 요통이 악화된다. 심한 경우 어지러움 증상이 나타나는 경우도 있다. 혈류 상태에도 악영향을 미쳐 혈압이 상승할 수 있고 고혈압에도 노출될 가능성이 있다.

"뇌의 피로를 치유하고 집중력, 에너지 회복에 도움"

뇌는 매일 활동하면서 대량의 에너지를 소비하고 그 결과 뇌에는 피로가 쌓인다. '비렘수면(Non-REM)' 중에는 뇌에 쌓인 노폐물이 뇌막 림프관을 통해 뇌척수액과 함께 배출되어 뇌의 피로를 해소한다. 수면 부족이나 밤중에 자주 깨는 중도 각성이 지속되면 뇌가 비렘수면에 진입하지 못해 노폐물이 축적되어 집중력 저하 및 기억력 감퇴 증상이 나타난다. 따라서 잠을 잘 자지 못한 다음날은 업무 능력이 확연히 떨어진다. 또, 지속된 수면 부족은 우울증을 부른다는 연구 결과도 있다.

"하루 동안의 경험을 정리하고, 괴로운 기억은 희석하고, 필요한 기억은 뇌에 저장"

뇌는 자면서 하루 중 있었던 경험으로 느꼈던 감정이나 사건을 정리한다. 필요한 기억은 남기고, 불필요한 기억은 최대한 정리해서 지운다. 정해진 시간의 수면 리듬을 만들면 하루 중 있었던 스트레스를 받았던 일이나 감정은 조금씩 희석하며 지워 간다. 일반적으로 "기억하고 싶지 않은 추억이나 괴로운 일이 시간이 지나면서 잊히는 현상"을 "시간이 약"이라는 말로도 표현하는데, 이 시간이란 약의 효력은 잠을 제대로 잤을 때 발휘된다. 또 잠이 부족하면 기억력 감퇴로 학습 효과도 떨어진다. 연구에 따르면 지속된 수면 부족은 뇌의 노폐물인 베타 아밀로이드(β-amyloid)가 배출되는 것을 방해해 알츠하이머 발병 리스크를 높인다고 한다.

"면역력 회복과 전염병 및 암 예방"

잠을 자는 중에는 림프구의 활동이 활발해져 체내에 침투한 바이러스와 싸워 전염병을 예방한다. 따라서 수면 시간이 짧을수록 감기에 자주 걸린다. 또, 수면은 유전자 변이로 발생한 암세포를 제거하는 역할을 하므로, 만성적인 수면 부족은 암에 걸릴 위험을 높일 수 있다.

"식욕을 조절해 비만을 예방"

잠이 부족하면 지방세포에서는 식욕을 억제하는 렙틴(leptin) 호르몬의 분비를 감소시키고 반대로 위에서는 그렐린(ghrelin)이란 물질의 분비를 증가시켜 식욕을 끌어올린다. 뜬눈으로 밤을 새워 잠이 부족한 다음 날 이상하게 정크 푸드나 탄수화물이 당기는 것도 이 때문이다. 수면 부족이 지속되면 몸이 살찌는 체질로 바뀌어 체중이 늘어나고 성인병 위험성을 높인다.

이상으로 잠의 주요 효과에 관해 알아보았다. 이제 건강 유지를 위해서라도, 업무 능력이나 기억력 향상을 위해서도 잠이 얼마나 중요한지 알았을 것이다. 물론 과긴장 예방을 위해서도 양질의 수면은 꼭 필요하다. "수면 부족은 만병의 근원"이란 말도 있듯이, 되도록 매일 양질의 수면을 확보할 수 있도록 노력해보자.

휴일 첫째 날 오전엔 아무런 일정을 잡지 않고 푹 자기

수면 부족이 과긴장을 비롯해 건강에 악영향을 준다는 사실을 알아도 도저히 평일에는 업무와 집안일, 육아 등으로 잠이 부족할 수밖에 없는 사람도 많을 것이다. 나만 하더라도 갑자기 급한 일이 들어오거나 아이가 잠을 안 자 생각보다 육아가 늦어지는 평일에는 아무래도 수면이 부족할 수밖에 없다.

업무량이 많거나 회사에서 막중한 역할을 맡고 있는 사람이라면 평일에 어쩔 수 없이 잠이 부족한 경우가 많은데, 이는 '수면 부채(수면에 진 빚)'를 항상 머리에 얹고 있는 것과 같다. 이 수면 부채를 빨리 갚지 않으면 눈덩이처럼 불어나 점점 갚기 어려워지고, 컨디션 난조나 정신적 고갈을 가져온다.

그래서 나는 평일에 도저히 시간이 없어 수면 부채를 지고 있다는 사람에게는 가능하면 토요일 오전에 일정을 잡지 말고, 푹 자라고 추천한다(토, 일 이틀을 쉬는 주 5일제의 경우). 그러면 금요일 저녁에 '내일은 푹 쉴 수 있겠군.' 하고 생각하는 것만으로도 정신적으로 이완되어 좀 더 쉽게 숙면을 취할 수 있다. 단, 다음 날 일정이 없다고 평소보다 더 늦게까지 뭔가를 하고 잠들면 다음 날 해가 중천에 뜰 때까지 잠잘 게 뻔하다.

제3장서도 말했듯이 체내시계를 교란하지 않으면서 수면 부채를 갚는 요령은 수면 시간의 미들 포인트를 2시간 이상 차이 나지 않게 하는 것이다(96쪽). 체내시계는 인간의 생체 리듬을 조절하는 사령탑이라고도 할 수 있는 존재이다. 휴일에 해가 중천에 뜰 때까지 잠을 자면 체내시계에 교란이 와서 오히려 자율신경계 활성화에 악영향을 준다. 계획 없이 무작정 잠만 자면 OFF 활성화에도 ON 활성화에도 역효과를 주므로 휴일은 미들 포인트를 잘 계산해서 똑똑하게 수면 부채를 갚아나가자.

제5장

과긴장에 취약한 성격 유형별 어드바이스

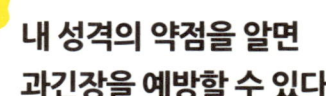
내 성격의 약점을 알면
과긴장을 예방할 수 있다

이번 장에서는 제2장의 [표2-1](47~48쪽)에서 체크한 과긴장에 취약한 다섯 가지 유형의 성격에 대해 유형별로 조언해보려고 한다. 제2장에서는 과긴장에 취약한 성격을 다음의 다섯 가지 유형으로 분류하였다.

• 완벽주의 유형: 어떤 일을 처음부터 끝까지 본인의 방식대로 완벽하게 해내고 싶어 하는 유형이다. 업무는 물론이거니와 일상생활에서도 본인이 정한 목표나 일을 어떻게든 해내야 직성이 풀리는 사람이다.

• 성실한 모범생 유형: 유난히 성실해서 조직과 사회의 규범을 목숨처럼 지키는 유형이다. 또, 다른 사람에게 피해 주

는 걸 특히 싫어하고 맡은 업무와 책임은 어떻게든 해내려는 사람이다.

• 거절 못 하는 자기희생 유형: 습관적으로 다른 사람의 눈치를 살피며 본인을 희생하는 경향이 강한 유형이다. 부담스러운 업무나 마음 내키지 않는 부탁에도 NO라 말하지 못하고, 억지로 OK 하기 때문에 마음속에 스트레스가 많다.

• 조급하고 지기 싫어하는 유형: 사회생활을 하면서 지기 싫어하는 사람이 많은데, "아무것도 안 하면 뒤처지는 느낌이야.", "자기 계발을 해야 해."라며 일과 공부, 집안일 등을 꾸역꾸역 해내며 항상 시간에 쫓기는 사람이다.

• 걱정이 많고 소심한 유형: 좋게 말하면 섬세하면서 배려심이 많은 성격으로 사소한 일에도 걱정이 많아 부정적 감정에 빠지기 쉬운 유형이다.

오랜 시간에 걸쳐 형성된 이런 성격을 하루아침에 바꾸기란 쉽지 않다는 걸 나도 잘 안다. 하지만 내 성격의 약점을 알고 공부하다 보면 과긴장을 예방할 수 있다. 나 또한 과긴장에 취약한 성격 유형에 여럿 해당해서 항상 신경 써서 조절하기 위해 노력한다.

 **완벽주의 유형:
놓아줄 용기까지 마스터하면 완벽!**

완벽주의 유형은 일은 물론 사생활까지 모두 본인이 만족할 수준까지 100퍼센트 직접 해야 한다고 생각한다. 본인이 설정한 목표나 기준이 가장 우선이기 때문에 때로는 휴식, 기분 전환을 위한 시간을 희생하면서까지 노력을 아끼지 않는다. 또, 다른 사람에게 맡기는 것도 미덥지 않아 "다른 사람에게 맡길 바엔 내가 하는 게 확실하지."라는 생각에 꾸역꾸역 업무나 할 일을 떠안고 만다.

덕분에 일이나 사생활 모두 일정이 빡빡해 무리해서 몸과 마음을 극한까지 몰아붙여 교감신경이 쉬어야 할 OFF 모드를 줄이는 바람에 과긴장에 노출된다. 완벽주의 성향은 "일뿐만 아니라 잠도, 휴식도 완벽하게 조절해서 최상의 컨디션을 유지하는 것이 진정한 완벽주의"라는 것을 마음에 새기길 바란다. 아무리 업무적으로나 개인적으로 완벽하다 해도 과긴장으로 컨디션이 무너지면 본인이 추구하는 완벽함을 유지할 수 없기 때문이다.

꾸준히 최상의 업무 능력을 발휘하는 사람은 휴식과 잠을 소홀히 하지 않고 컨디션 관리까지 확실하게 한다. 또, "놓아야 할 부분"을 파악해 "완벽히 해내야 할 부분"과 "적당히 해도 될 부분"을 확실히 구별한다. 즉, 요령 있게 시간을 완벽하게 잘 사용하는 것이다. 모든 일을 100점으로 해내고 말겠다는 것이 아니라 80점, 60점만 받아도 괜찮은 일을 먼저 파악하고 분류해보자.

부하직원을 거느린 관리자라면 "부하 직원을 믿지 못하는 상사는 좋은 평가를 받을 수 없다."라는 사실을 마음에 새기길 바란다.

산업보건의로 일하다 보면 종종 과중한 노동시간과 관련된 면담을 하게 되는데, 장시간 근무가 잦은 사람 중에 가끔 "부하 직원에게 맡기지 못하는 상사"가 문제가 되곤 한다. 인사과 직원이 "저분은 부하 직원이 일을 해서 가져오면 하나부터 열까지 본인이 다시 확인해야 직성이 풀리는

 완벽주의 유형이라면, 일단 '적당히 해도 될 일'과 '완벽하게 해야 할 일', 그리고 '다른 사람에게 맡겨도 될 일'이 무엇인지 먼저 파악해봅시다. 꼭 내가 하지 않아도 될 일이라면 믿고 맡겨봅시다.

사람이에요. 업무량을 줄이거나 아래 직원을 늘려보기도 했지만, 야근 시간은 전혀 줄지 않았죠. 실무자일 때는 좋은데 관리자로서는 조금 적합하지 않은 유형이죠."라며 한숨을 쉬는 경우도 종종 봤다.

부하의 능력을 파악하고 업무를 적절히 분배하는 것이야말로 완벽한 관리자의 자질이라는 점을 기억하자.

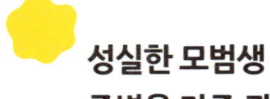# 성실한 모범생 유형:
주변을 자주 관찰하자

성실한 모범생 유형도 완벽주의 유형과 닮은 점이 많아서 과긴장에 취약하다. 완벽주의 유형이 "본인의 만족도"에 집착한다면, 성실한 모범생 유형은 "나만의 규칙"에 집착한다.

일단 규칙이나 이제까지의 관습(본인 기준의 상식)을 철저하게 지키려고 하기 때문에 업무적으로나 개인적으로 예상 밖의 일이 생기거나 주변 환경이 크게 변해 익숙했던 규범이 통용되지 않으면 환경에 유연하게 적응하지 못하고 긴장이 심해진다. 본인이 해왔던 방식대로 했는데 업무나 인간관계가 잘 풀리지 않으면 긴장이 쌓이고, 걱정과 불안감이 높아지는 것도 과긴장의 원인으로 작용한다.

이런 유형의 사람은 주변 동료에게 SOS를 보내 도움을 요청하거나 상사에게 업무 내용 조정을 요청하는 것을 "민폐"라고 생각해 극도로 꺼린다. 본인의 상식이 통하지 않거나 본인 능력치를 초과하는 업무를 맡으면 주변 누구에게도 상담하지 않고 혼자 끙끙 싸매고 있어 과긴장 증상이 점점 악화하기 일쑤다.

이런 유형은 일단 본인이 "고집이 센 사람", "융통성 없는 사람"이란 걸 인정하는 게 먼저다. 그리고 본인만의 방식이 통하지 않을 때는 먼저 주위를 둘러보길 바란다.

"다른 사람들은 나와 다른 방식으로 일을 처리하고 있지는 않은가?"
"내가 고수하는 규범이나 방식을 주변 사람들은 어떻게 생각하는가?"
"다들 적당히 넘기는 일인데 나만 끈질기게 물고 늘어지는 건 아닌가?"

주변을 둘러보며 본인이 지나치게 집착하는 부분이나 기존의 규범을 무리하게 지키려는 성향이 있음을 깨달았다면, 이번 기회에 다른 사람들이 어떻게 하는지 관찰하고 자신의 방식에 변화를 줘보자.

"당장 방식을 바꾸기는 힘들다."
"주변을 둘러봐도 별 차이를 모르겠다."

만약 이렇게 생각한다면, 솔직하게 직장 상사나 선배 혹은 동료에게 상담을 요청해보자. 이게 주변에 민폐를 끼치는 일이라는 생각은 안 해도 된다. 오히려 업무 진행에 문제가 있음에도 혼자 끙끙 앓다 손을 쓸 수 없을 정도로 곪게 두는 것이 더 큰 민폐가 될 수 있다. 성실한 모범생 유형의 직원이 업무를 혼자 끌어안고 있다가 "일이 이 지경이 될 때까지 왜 말을 안 했냐?"라며 큰 문제로 번진 케이스를 종종 보곤 한다. 실제로 내가 만났던 직원 중 한 사람의 예를 들어보겠다.

부서 통폐합으로 상사가 바뀌면서 그 직원이 해왔던 업무도 일부 변경되었는데, 새로 맡은 업무와 시스템에 적응하지 못해 불면증과 위장 장애를 비롯한 과긴장 증상에 시달린다는 남성이었다.

그는 "이전의 상사와 달리 새로 부임한 상사는 업무 스타일이 작은 부분도 일일이 보고하길 원한다는 점", "보고를 위한 자료 작성 업무가 늘어 일이 끝이 없다는 점" 등 애로 사항을 호소했다.

그러나 면담 후 인사과와 해당 상사에게 피드백을 요청하자 이런 답변이 돌아왔다.

"보고는 현재 어디까지 진행되었는지 간단히 보여주면 되고, 그것도 힘들면 구두로 설명해도 된다고 했는데 매번 파워포인트나 엑셀로 보고서를 만드니 당연히 시간이 부족하죠."

즉, 그는 자신이 해왔던 기존의 "보고 스타일"에 집착한 나머지 새로운 시스템에 적응하지 못하고 한계에 달해 과긴장에 빠진 것이었다.

이 사례는 성실한 모범생 유형이 새로운 환경과 방식에 적응하지 못한 극단적인 케이스이지만, 이 유형에 해당하는 사람 중에는 크든 작든 이런 경향을 보이는 사람이 많다. 평소에 본인이 융통성이 없다는 점을 인정하고 "넓은 시야로 바라보려고 노력하기", 그리고 "본인이 생각한 타이밍보다 더 이른 시점에 믿을 만한 사람에게 상담 요청하기"를 마음속에 새겨두자.

본인이 해왔던 방식에 집착하지 말고, 때로는 주변을 둘러보고 다른 사람들은 어떻게 일하는지도 관심을 가져봅시다. 변화에 잘 적응하는 것도 회사생활을 하는 데 중요한 능력이랍니다!

거절 못 하는 자기희생 유형: 기브&테이크 연습하기

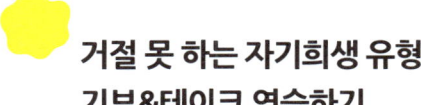

직장이나 사적인 인간관계에서 "좋은 사람", "배려심이 많은 사람", "친절한 사람"이란 말을 듣는 사람의 대부분이 이 유형의 요소를 가지고 있다. 본인 또한 "좋은 사람", "친절하고 배려심이 있는 사람"이란 말을 듣는 자신을 자랑스러워하고 있어 항상 상대방의 기분, 주변 분위기를 파악해 다른 사람의 의견이나 요청에 응하려고 노력한다.

속으로는 부담스럽거나 마음 내키지 않는 일이라도 입에서 좀처럼 "NO"라는 말이 나오지 않아 꾸역꾸역 상대방의 요구를 수용하며 스트레스를 받곤 한다. 본인의 기분이나 감정을 지나치게 억눌러 갈등이 심해지거나 주변의 요구에 응하다 피폐해지면 과긴장 증상이 찾아온다.

이 유형에 해당하는 사람은 의식적으로 인간관계에서 '기브 앤 테이크'를 생각하자. 상대방의 요구를 하나 들어주면 본인의 요구도 상대에게 한 가지 요청하는 것이다. 요구라는 것은 "내가 이것을 해줬으니, 대신 당신도 내게 저것을 해줘야 한다."라는 대가를 요구하자는 게 아니라 나의 기분과 요청을 전달하는 것 정도로 생각하면 된다.

가령 상사나 고객이 급하게 추가 업무를 요청해 이에 응했다면 "이번 건은 제가 처리하겠습니다만, 다른 업무도 있어 이것 외에 추가 업무는 힘들 것 같습니다." 등과 같은 표현으로 정확히 본인의 상황을 전달하는 것이다. 내가 일을 하려고 계획해 놓은 시간에 가족이 부탁을 해올 때는 "사실 내가 지금부터 ○○를 해야 하는데, 일단 도와줄게. 대신 ○시부터는 내 시간을 가질 거니까 그때부터는 힘들어."라고 정확히 전달하는 것이 좋다.

상대방의 요구에 대해 '예스맨'이 되면 언제나 시간이 있는 사람으로 취급될 가능성이 있다. 다른 사람의 기분만 맞춰주면 '주관이 없는 사람', '마음대로 해도 되는 사람' 취급을 받을 위험도 있다.

이 유형에 해당하는 사람에게는 적당한 기브 앤 테이크 마인드를 장착하라고 조언하면 "나는 계산적으로 다른 사람에게 친절을 베푸는 게 아니라고요."라며 성인군자 같은 얼굴로 강하게 거부 반응을 보이는 사람도 가끔 있다.

하지만 '건전한 기브 앤 테이크'가 성립되지 않는 관계는 머지않아 파탄에 이른다. 한쪽만 감내하고 참는 관계는 에너지 균형이 무너져 오래갈 수 없다.

이 유형의 사람이 정신적으로 고갈되어 의사인 나를 찾아와 상담을 요청하는 경우가 종종 있다. 상담할 때 이 유형의 사람들이 이구동성으로 하는 말이 있는데, 바로 "제가 매번 억지로 참고 봐줬더니 상대방은 전혀 모르더라고요.", "제 희생을 당연하게 생각했어요. 전혀 고마움을 모르더라고요."라는 식의 불만이다.

그런데 자세히 들어보면 그 사람 스스로 '본인을 희생해 상대의 요청에 응한 것', '하기 싫으면서 억지로 한 것'이란 사실을 상대에게 전달한 적이 전혀 없었던 것이다. 아무리 친한 사이라도 상대는 독심술사가 아니므로 말로 확실하게 전달하지 않으면 알 길이 없다.

여러분이 아무 말도 하지 않고, 요구를 수용했다면 상대는 아마 흔쾌히 수용했다거나 긍정적으로 받아들였다고 착각했을 가능성도 있다. 건전한 기브 앤 테이크는 무작정 "당신이 ○○을 안 해주면 나도 해줄 수 없소."라는 모 아니면 도와 같은 거래가 아니다. 확실하게 서로의 기분을 주고받을 수 있는 관계가 건전한 기브 앤 테이크 관계이다.

I'm OK, you are OK

본인의 기분을 명확히 전달하는 데 서툰 사람은 어서션(assertion), 또는 어서티브(Assertive) 분야의 실용서나 비즈니스서를 읽으며 공부해보기를 추천한다. 어서션은 미국에서 제기된 커뮤니케이션 스킬 중 하나로 "상대와 자신의 의견 모두 존중하는 커뮤니케이션"이다. "상대는 OK 하지만 나는 NO", "나는 OK 하지만 상대는 NO"와 같은 인간관계의 불균형을 제거해 "상대도 나도 OK"처럼 균형 있는 바람직한 관계를 구축해 나가는 것을 목표로 하는 방식이다(이 책에서는 지면 관계상 자세한 설명은 생략한다). 어서션은 모든 유형에게 유용한 인간관계 구축법이지만, 특히 자기희생 유형에게 도움이 될 것이다.

거절을 못 하는 자기희생 유형은 바꿔 말하면 "상대가 기

 부탁하는 사람에게 'NO'라고 거절을 못 하는 자기희생 유형은 "이것까지는 가능해요." 등과 같은 표현으로 본인의 기분이나 능력치를 명확히 전달하는 것이 중요합니다!

뻐하는 모습을 보고 행복을 느끼는 사람", "주변 사람에게 고맙다는 말을 듣고 싶어 하는 사람"이기도 하다. 다시 말해 공감 능력이나 협조성이 다른 사람에 비해 월등한 사람이라 할 수 있다. 다른 사람보다 나 자신을 먼저 생각하는 습관을 들여 부정적인 감정이나 스트레스를 쌓아두지 않으면 과긴장이 해소될 뿐 아니라 더 행복한 인간관계를 구축해나갈 수 있을 것이다.

# 조급하고 지기 싫어하는 유형: 건강을 해치면서까지 하는 자기계발은 의미없다

이 유형 중에는 기본적으로 근면 성실하고 동시에 지기 싫어하는 사람이 많다. 항상 "더 열심히 해야 해.", "더 성장해야 해!"라며 자투리 시간이 생기면 업무와 개인 공부, 집안일 등을 빡빡하게 넣어두고 항상 바쁘다. 이 바쁨의 근저에는 지칠 줄 모르는 자기계발 욕구가 자리하고 있으며, 매사에 주변과 본인을 비교하며 부족한 부분을 개선하기 위해 노력한다.

이 유형에 해당하는 사람 중에는 게으름뱅이와 가장 극단에 있는 사람이 많고, 휴식 시간이 생길라치면 "이렇게 아무것도 하지 않고 보낼 수 없지!"라며 어떻게든 할 일을 찾아내므로 항상 교감신경의 긴장이 높을 수밖에 없다.

자신의 건강을 유지할 수 있을 정도의 수면 시간과 휴식을 확보할 수 있을 때는 괜찮지만 업무나 사생활로 예상치 못하게 '해야 할 일'이 생기면 간신히 확보했던 OFF 시간이 그나마 줄어들어 과긴장 증상이 발현된다.

사실 나 또한 이 유형의 요소를 상당히 갖고 있다. 젊을 때는 OFF 활성화의 중요성을 간과해서 무심코 무리해서 컨디션을 해치고, 시간에 쫓기며 예민한 상태가 되어 가족과의 관계까지 문제가 생기는 등 몇 번의 실패를 경험했다. 이랬던 내가 지금 항상 마음에 새기는 일이 바로 "무슨 일이 있어도 OFF 시간의 소중함을 잊지 말자!"이다.

"건강을 해치면서까지 하는 자기 계발은 의미가 없다."
"지나치게 많은 일로 마음에 여유를 잃어버려 소중한 인간관계를 망친다면 안 하느니만 못하다."

이렇게 자신을 다독이며 의식적으로 OFF 시간을 확보해 가족이나 친구와 소중한 시간을 보내려고 노력한다.

미리 휴식 시간을 일정에 넣어두자

젊어서 체력이 있는 사람일수록 이 유형의 사람은 체력과 시간의 한계까지 할 일을 끌어다 욱여넣고 달성하기 위해 노력하는데, 그러면 그럴수록 시간에 쫓기고 만다. 그 결과 성격이 예민해지거나 다른 사람에 대한 배려를 놓칠 수 있음을 잊지 말자.

"이렇게까지 노력하는 이유는 행복해지기 위해서이다.", "이렇게까지 시간에 쫓기며 조급하다면 행복한 게 맞는 걸까?"

이 질문을 항상 자신에게 던져보고, 몸과 마음의 여유를 위해서라도 휴식 시간을 미리 일정에 넣어두자. 그리고 "반강제적으로 OFF 시간 설정하기"를 실천해보면 어떨까?

참고로 나는 어쩔 수 없이 꼭 해야 하는 긴급한 용건을 제외하고는 점심시간 한 시간은 반드시 지키려고 한다. 또, 저녁 식사 후에는 반드시 가족과 단란한 시간을 보내겠다고 다짐한 이후부터는 업무와 관련된 연락이나 서류는 되도록 보지 않으려고 노력한다.

그리고 휴일 첫날인 토요일 오전은 가능하면 일정을 비워둔다. 그렇게 하면 잠을 푹 자고 쉬면서 이완하는 시간을

예민하고 지기 싫어하는 유형라면, 점심시간은 일에서 잠깐 손을 놓아봅시다! 휴일에는 가급적 다른 일정을 잡지 말고, 수면과 이완 시간을 확보하는 데 집중하는 것이 좋습니다.

가질 수 있기 때문이다. 일정표에도 미리 "쉬는 시간", "오전까지는 이완 타임" 등을 적어두어서 혹시라도 다른 일정을 잡는 일이 없도록 신경을 쓴다.

이렇게 OFF 활성화 시간을 의식하며 반강제적으로 일정에 넣기 시작한 이후 몸과 마음에 무리가 가는 일이 줄었다. 그리고 주변 인간관계도 더 안정되기 시작했다.

**걱정이 많고 소심한 유형:
남을 의식하는 성격은 노력으로 고칠 수 있다**

걱정이 많고 소심한 유형은 일반적으로 부정적인 사건에 대한 감수성이 남들보다 예민하고, 잠깐 본 뉴스나 별로 친하지 않은 사람의 작은 말도 크게 받아들여 불안을 높인다. 가령 컵에 물이 반 정도 차 있는 걸 보고, 낙천적인 사람은 '물이 반이나 남았네.'라고 생각하는 데 반해 이 유형은 '물이 반도 안 남았네.', '만약 물이 부족하면 어쩌지.'라며 점점 걱정을 증폭시키는 것이다.

또 부정적인 사건에 대한 감수성이 예민해 '다른 사람이 어떻게 생각할까?', '날 어떻게 평가할까?'를 지나치게 신경 써서 다른 사람의 사소한 말을 그냥 지나치지 못하고 부정적인 방향으로 불안감과 경계심을 키운다.

예를 들어 상사가 사소한 일에 주의를 주면 '날 구제 불능이라고 생각하면 어쩌지?', '인사 평가 낮게 줄 텐데…'라며 불안을 키운다.

개인적으로도 지인이 문자나 메신저 답장을 바로 하지 않으면 '날 싫어하나?', '내가 뭘 화나게 한 걸까?'라며 신경쓰느라 진을 빼는 일도 종종 있다.

실은 이런 나 또한 걱정이 많고 소심한 유형에 해당한다. 업무나 개인적인 일로 걱정거리가 생기면 매번 신경이 쓰이고, 오랫동안 해결이 안 되면 불안감이 높아져 불면증 증상이 나타난다. 긍정적 사고나 인지행동요법 관련 책도 이것저것 찾아 읽고 실천해봤지만, 타고난 성격은 좀처럼 고쳐지지 않았다. 하지만 노력에 따라 걱정 많고 소심한 성격도 어느 정도 고칠 수는 있다. 내가 실천해보고 효과를 본 방법을 소개하고자 하니 참고해보면 좋겠다.

미래는 한 치 앞도 알 수 없다는 사실을 인정하자

일단 걱정과 불안이 생기면 본인이 '앞으로 어떻게 될지 모를 미래의 일'에 대해 걱정과 불안을 안고 있음을 자각하자. 걱정과 불안은 '지금, 당장' 일어나는 일이 아니라 대부분은 '다가올 미래에 일어날지도 모를 나쁜 일이나 하기 싫은 일'을 가정하면서 생기는 부정적인 감정이다. 심지어 나는 긍정적인 미래는 생각도 하지 않고 부정적인 미래를 상정하고 있음을 깨달았다.

이를 깨달았다면 이번에는 반대로 '긍정적인 미래'를 구체적으로 상상해보자. 걱정했던 일이 일어나지 않고, 아무 일도 일어나지 않는 평온한 미래도 일부러 상상해보는 것이다.

예를 들어 친구에게 메일을 보냈는데 답장이 안 와 불안할 때 '지금은 뭔가 다른 일에 집중하고 있어 내 메일을 못 봤을 거야. 내일이나 모레쯤엔 읽겠지.'라고 생각하며 답장이 오는 상황을 구체적으로 상상해보는 것이다. '역시 그랬어.'라며 가슴을 쓸어내리는 내 모습, '이 친구는 대체로 메일 확인과 답장이 늦는 편이구나.'라며 안절부절했던 자신에게 쓴웃음 짓는 모습을 상상해보자.

'내일 있을 프레젠테이션 잘 못하면 어쩌지?'라는 불안감에 진정이 되지 않을 때는 '프레젠테이션을 성공적으로 끝내고 안심하며 동료들과 마음 편히 웃는 나' 혹은 '집에 돌아와 편한 마음으로 TV를 보는 나'를 상상해보자.

걱정이 많은 유형은 이렇게 긍정적인 미래를 상상해도 곧 '아냐, 잘될 거란 보장이 없잖아.'라며 금세 부정적인 생각이 슬금슬금 고개를 들 것이다. 그래도 괜찮다. 한 번이라도 긍정적인 미래를 그려봄으로써 부정적인 미래가 100퍼센트 실현되는 건 아니라는 사실을 머릿속에 심어두었기 때문에 조금은 마음의 여유 공간을 확보할 수 있게 될 것이다.

지금 당장 할 수 있는 일을 최대한 해두기

이와 동시에 "걱정되는 미래"를 대비해 "지금 당장 할 수 있는 일"이 있다면 가능한 만큼 해두는 것이다. 단, 수면과 식사 시간은 절대 줄여서는 안 된다. 내일 있을 업무 회의나 발표로 불안하다면 빠진 것이 없는지 가능한 범위에서 검토해보자. 예행연습을 해보는 것이다. 불이 났단 뉴스를 보고 불안감이 엄습해 마음이 진정되지 않는다면 재해 대비 용품을 온라인으로 검색해 주문해두는 것도 좋다. 자세한 내용은 제3장의 "당장은 도저히 해결 방법이 없는 스트레스"(152~159쪽)을 참고해보자.

그리고 할 수 있는 일을 한 후에는 가능하면 잠을 푹 자자. 잠을 푹 못 자면 다음 날 괜히 부정적인 감정이 올라올 수 있으므로 양질의 수면을 충분히 취하려고 노력하자.
걱정이 많고 소심한 유형의 성격은 사실 바꾸어 말하면 "진중하고 신중한 성격"이라 할 수 있다.

이 성격은 책임감 있는 일이나 안전을 최우선으로 생각해야 할 업무에 종사하는 사람에게는 꼭 필요한 성격이다. 이러한 성격의 특징을 잘 파악해 과도한 걱정과 예민함이 스트레스로 이어지지 않도록 적절히 관리한다면 과긴장에 빠지지 않을 수 있을 것이다.

지금까지 과긴장에 취약한 성격을 유형별로 나누어 살펴보고 나름대로 조언을 곁들여 보았다. 자신이 어떤 유형인지 먼저 파악해보고 책에 나온 조언을 참고로 본인 나름의 대처법을 만들어보자.

걱정이 많고 예민한 사람이라면 '인간은 본인의 상황에 맞춰 움직인다'는 것, '미래는 얼마든지 바꿀 수 있다'는 사실을 마음에 새겨보세요. 세상 모든 일이 다 당신의 책임은 아니에요.

마치며

스트레스 많은 사회를 살아가는 모든 이들에게

먼저 이 책을 읽어주신 독자 여러분께 감사드린다.

나는 오랫동안 정신과 의사로 여러 환자를 만나왔으며, 12년 전쯤부터는 산업보건의로 기업에 소속되어 일을 해왔다. 덕분에 다양한 직종에서 과긴장으로 괴로워하는 노동자를 많이 만났다.

과긴장은 몸과 마음에서 보내는 옐로카드이다. 조기에 발견해 적절히 대처하면 병원을 찾지 않고 셀프케어만으로도 좋아질 수 있다. 하지만 과긴장에 대한 지식이 없어 몸과 마음의 신호를 놓치거나 적기에 케어를 하지 못해 어쩔 수 없이 직장 생활을 할 수 없게 된 이들도 많이 보았다.
나 또한 과긴장에 취약한 성격이라 일하는 모든 사람이 과긴장 증상을 모르고 지나치지 않도록 과긴장 지식과 셀프 케어 방법을 한 명에게라도 더 알려주고픈 마음이 항상 있었다. 그러던 참에 미즈하라 아스코 편집자로부터 '과긴장을 주제로 책을 써보면 어떻겠냐'는 의뢰를 받았다.

과긴장이란 주제를 가지고는 내 책의 일부 혹은 비즈니스 잡지를 통해 연재한 적은 있지만, 오롯이 한 권의 책으로 펴낸 적은 없어서 가능할지 걱정이 되었다. 그러나 막상 쓰기 시작하니 의외로 '이 말도 해야지, 아! 이것도 중요해.' 하며 중요한 내용들이 마구 떠오르는 바람에 계획보다 책의 분량이 늘어났다.

이 책에 담긴 내용은 최첨단 의학 정보는 아니다. 그러나 스트레스가 많은 사회를 살아가는 우리가 꼭 알았으면 하는 "기본적인" 과긴장 셀프케어 방법과 실천 방법을 총망라해 두었다. 건강에 관심이 많은 사람이라면 평소에 알고 있던 내용도 많을 테지만 '아는 것'을 '실천'하는 사람은 몇 없을 것이다.

이 책은 어디까지나 독자 여러분의 '실천'을 목표로, 책 내용이 책상 위 지식으로만 남지 않도록 특별히 신경 쓰며 집필했다. 부디 이 책을 바탕으로 과긴장 케어를 위한 방법과 습관을 하나씩 늘려보길 바란다.

여러분이 항상 최상의 컨디션을 유지하며 오랫동안 사회에서 본인의 몫을 다할 수 있도록, 그리고 일뿐만 아니라 개인적으로도 충만하고 건강한 생활을 영위하는 데 이 책이 도움이 되길 바란다.

도쿄에서
오쿠다 히로미로부터

그거, 다 과긴장이에요

1판1쇄 발행 2025년 11월 10일

지은이 | 오쿠다 히로미
옮긴이 | 한주희
펴낸이 | 신현숙

펴낸곳 | 어썸그레이
주소 | 경기도 김포시 양도로9, 4층 454
등록 | 2023년 12월 12일 제409-2023-000102호
이메일 | awesomegrey@naver.com
전화 | 070-7607-4624

ISBN 979-11-988953-1-5-6 (03190)

- 책값은 뒷표지에 있습니다.
- 잘못 만들어진 책은 구입처에서 바꿔드립니다.
- 이 책은 저작권법에 따라 보호를 받는 저작물이므로 무단 전재와 복제를 금합니다.
- 이 책 내용의 전부 또는 일부를 사용하려면 반드시 저작권자와 어썸그레 이의 서면 동의를 받아야 합니다.